दीप्ति-श्लोक

सच्ची प्रेम की अनोखी दास्तां

राजीव रंजन

ISBN 978-93-5458-729-0
© Rajeev Ranjan 2021
Published in India 2021 by Pencil

A brand of

One Point Six Technologies Pvt. Ltd.
123, Building J2, Shram Seva Premises,
Wadala Truck Terminal, Wadala (E)
Mumbai 400037, Maharashtra, INDIA
E connect@thepencilapp.com
W www.thepencilapp.com

Author biography

झारखंड राज्य के प्रसिद्ध शहर देवघर का रहने वाला राजीव रंजन एक युवा प्रतिभाशाली कवि एवं लेखक है _बचपन से ही साहित्यिक परिवेश में पले -बढ़े रंजन खुद को हिंदी साहित्य में समर्पित करके स्वतंत्र रूप से लेखन कर रहे हैं। 17 वर्षीय रंजन फ़िलहाल बारहवीं कक्षा(विज्ञान) में अध्ययनरत है। विज्ञान के विद्यार्थी होते हुए भी हिन्दी साहित्य में इनकी काफी रूचि है। इनके पिता पेशे से शिक्षक के साथ-साथ एक रचनाकार भी हैं जिनका प्रभाव इनमें देखने को मिलता है। अपने पिता से प्रेरित होकर बचपन से ही कविता की रचना प्रारंभ की एवं इस रास्ते में स्वतंत्र रूप से अग्रसर है____

Gmail__ranjan250rajeev@gmail.com

blog_authorranjancorner.blogspot.com_

CONTENTS

Preface

_____मेरे चाहने वालों के लिए_____________________

यह किताब मेरे उन तमाम दोस्तों को समर्पित जिन्होंने मुझे कहानियां / कविताएं लिखने के लिए प्रोत्साहित किया एवं अथाह हौसला दिया __

यह किताब पापा/ मम्मी / दीदी / जीजाजी / अजय /अनिश को समर्पित__जिन्होंने मुझे इस काम के लिए आजादी दी____

एवं अपने हक का मुझसे कभी वक़्त नहीं मांगा....

Acknowledgements

यह किताब मेरे उन तमाम दोस्तों को समर्पित जिन्होंने मुझे कहानियां / कविताएं लिखने के लिए प्रोत्साहित किया एवं अथाह हौसला दिया __

यह किताब पापा/ मम्मी / दीदी / जीजाजी / अजय /अनिश को समर्पित__जिन्होंने मुझे इस काम के लिए आजादी दी____

एवं अपने हक का मुझसे कभी वक़्त नहीं मांगा....

कितनी बातें कहना चाहूं

कितनी बातें कहना चाहूं

पर मैं कह ना पाऊं

पास हो तुम फिर भी मैं गुमसुम

गुमसुम ही रह जाऊं

जानें क्यों न खुले लब

पर दिल कहना चाहे

शब्द होठों पर आकर

क्यों बाहर ना आए

अब तुम्हीं बताओ

कैसे अपनी जज्बातों को गाऊं

कितनी बातें कहना चाहूं____

पर मैं कह ना पाऊं____

13

पर मैं कह ना पाऊं____

तेरी मुस्कुराहटों से मेरी मुहब्बत सलामत रखे

हँसती रहे तू_ कभी आंखें नम न हो

तेरी ज़िन्दगी में कभी _बारिश-ए-गम न हो

मेरे हिस्से की खुशी __खुदा तेरे हिस्से कर दे

चाहे बदले में मुझमें _गम ही गम भर दे

फूलों सी महक _ पंछियों सी चहक

कंचन सी दमक _ मीठी धूप की लहक __

तेरी ज़िन्दगी की खुदा _ ऐसी इमारत रखे

तेरी मुस्कुराहटों को मेरी मुहब्बत सलामत रखे__

तुम वो दौलत हो ___ तुम वो सोहरत हो ___

जिसकी छाया में बरकत ही बरकत हो,

तूफानों से भी जो जरा ना घबराए ___

तुम वो हौसला हो __ हां तुम वो हिम्मत हो,

यूँ ही तुझे ढूंढने की _ मेरी नजरें रवायत रखे

तेरी मुस्कुराहटों को मेरी मुहब्बत सलामत रखे_

यूँ ही तुझे ढूंढने की _ मेरी नजरें रवायत रखे

तेरी मुस्कुराहटों को मेरी मुहब्बत सलामत रखे_

कितनी प्यारी हो तुम

कितनी प्यारी बातें तेरी

कितनी प्यारी हो तुम,

मेरे दिल की धड़कन हो

जान हमारी हो तुम .....

सौ फूलों का एक फूल हो

सौ रंगों का एक रंग ...

हर पल तेरे संग रहता है

इस दुनिया की सारी उमंग

तेरी ये निश्चल मुस्कान

मेरे हर मर्ज की दवा है__

है इबादत मेरी चाहत

मुकम्मल मन्नत – दुआ है

अमलतास सी गुण्युक्त

पावस सी न्यारी हो तुम

कितनी प्यारी बातें तेरी

कितनी प्यारी हो तुम।

तुमसे मिलकर जीना आया

हो तुम कोई जादूगरी,

मेरे जीवन की सारी कमियां

तुमसे मिलकर हो गई पूरी ....

नज़रें मिलाकर – शर्माकर

जब किसी ओट से छुप जाती हो....

उस वक़्त ओ मेहताब मेरे ....

तुम और भी प्यारी लगती हो।

मेरा सफर तेरे दीदार तक का,

इंतजार रस्ता है ___

मेरा रब – मेरा ख़ुदा

तुझमें ही बसता है ......

इस दिल की बस एक ही हसरत

जन्म भर तू साथ रहे ....

मैं रहूं तेरी सूखी ज़मीं ..

तू मेरी प्यास बरसात रहे ।

कितनी प्यारी बातें तेरी

कितनी प्यारी हो तुम,

मेरे दिल की धड़कन हो

जान हमारी हो तुम ...

जान हमारी हो तुम ...

तेरे ख़्वाब से जागा , तब ये ख्याल आया

तेरे ख़्वाब से जागा , तब ये ख्याल आया

की जैसे मैं तुम्हें चाहता हूं _ काश तुम भी मुझे चाहती _

मेरी धड़कनों को सुन _ हरपल तेरी धुन _

काश तुम भी मेरे धुन में रहती

तेरे ख़्वाब से जागा , तब ये ख्याल आया ___

मेरे लिए तुम जितनी खाश हो

मेरे दिल के जितनी पास हो

काश मैं भी रहता ___

तेरे ख़्वाब से जागा , तब ये ख्याल आया

सुबह से तेरी यादों में रात करता हूं _

तेरे इश्क़ की पागलपन में खुद से भी बात करता हूं _

यूं वेवजह मेरा मुस्कुराना __

अपने चेहरे की भाव को सबसे छुपाना

काश ये दीवानापन तुम भी दर्शाती

तेरे ख़्वाब से जागा , तब ये ख्याल आया

काश तुम भी मुझे अपनी आदतों में सामिल कर लेती

अपनी तन्हाइयो को मेरे ख्यालों में महफ़िल कर लेती

तेरे ख़्वाब से जागा , तब ये ख्याल आया

की जैसे मैं तुम्हे चाहता हूं_ काश तुम भी मुझे चाहती_

वो प्यारी सी लड़की कहां है आजकल

मीठी - मीठी बातों वाली

उलझी – उलझी सवाली_

वो प्यारी सी लड़की कहां है आजकल?

स्वर्ण सा दीप्ति मुखड़े वाली

ज़िद्दी -अभिवृति नखरे वाली

वो प्यारी सी लड़की कहां है आजकल?

दिन बीते कितने _राते खोई

उसे देखे अर्षों हुआ_

आज आई याद ऐसी उसकी

दीदार का ललक उत्कर्ष छुआ

नर्म रेशमी जुल्फों वाली

गालों पे जो रखती थी लाली

वो प्यारी सी लड़की कहां है आजकल?

एक मोड़ पे मिलना हुआ था

फिर रस्ते हमारे बदल गए...

साथ हमारा छूट गया ...

सुहाने लम्हे वो ढल गए

आज लिखूं ये गीत प्रीत का

उनकी शर्मीली आंखों के नाम _

जा जा जा रे हवाएं....

दे आ उसको ये पैगाम ....

याद आ रही वो मोहिनी

याद आ रही अनुपम रूपाली

मीठी – मीठी बातों वाली

उलझी – उलझी सवाली_

वो प्यारी सी लड़की कहां है आजकल?

अब तो कली वो खिल गई होगी ___

बनकर नज़ारा किसी चमन में होगी _

फ़िर आऊ उस चमन में आज ___

सुन आऊ उसकी तीखी गाली

मीठी – मीठी बातों वाली

उलझी – उलझी सवाली_

वो प्यारी सी लड़की कहां है आजकल??

जीवन

इस मन की वेदना से

साधें कैसे मुक्ति

जीवन के कण- कण छण में

अनन्त बरसती विरक्ति

आमोद – प्रमोद खिलता मुरझाता

मनोरथ माया पग उलझाता

थके हारे लहूलुहान पांव

पथ रंगते पर चलते जाता.....

भोर का निकला विकाल किया

मृग वंचित अभी तक है कस्तूरी से

आशाओं का सवेरा डूब गया

दिन का संगम हुआ रात्रि से

पीड़ाओं से अश्रु की भक्ति

हृदय में एकाकी की अग्नि धधकती

मिट जाती काया तलाश में....

फिर भी ना तृप्ति झुकती.......

उलझाया रखता हरदम बुद्धि

इसकी अपार शक्ति

इस मन की वेदना से,

साधें कैसे मुक्ति

उम्मीद

उम्मीदों का सूरज ढल न पाए

वहम हकीकत में बदल न पाए

इंतजार के इस इम्तिहान में..

सब्र मेरा मुझे छल न पाए..

जीना तुम बिन नामुमकिन है करो मेरा ऐतबार

सांसों के धागे से बंधा है तेरा- मेरा प्यार...

मौसमी इश्क़

आज मुझको हंसाता ___

कल यक़ीनन रुलाएगा

मौसमी इश्क़ है बदल जाएगा __

मुझे सब है ख़बर फिर भी मगर

 मशगूल है इस नशे में नज़र __

हां ठोकर खाएगा तब संभल जाएगा

मौसमी इश्क़ है बदल जाएगा

आज पल है सुहाना रात भी दिन है

ज़िन्दगी का समा कितना रंगीन है ...

ये सूरज एक वक़्त बाद ढल जाएगा

मौसमी इश्क़ है बदल जाएगा ....

फूलों में रंग कब तक रहे ....?

सुगंध इसके संग कब तक रहे ?

कोई प्रभंजन हवाएं तोड़ डालेगी ....

गुल ये खिला मुरझा जाएगा

मौसमी इश्क़ है बदल जाएगा....

वसंत का खुमार कब तक रहे ......

खुशियों की बहार कब तक रहे

शिशिर _पतझर भी आएगा

मौसमी इश्क़ है बदल जाएगा

ख़्वाब जिसका सजाता हूं मैं

मुझे अपना कहती है जो...

आज मुझको हंसाता ___

कल यक़ीनन रुलाएगा...

मौसमी इश्क़ है बदल जाएगा

प्यार का बादल है तो,

गम का बरसात भी होगा __

शाम ढलने पर रात भी होगा

छुप जाएंगे सारे नज़ारे बेरंग होकर

अंधेरा कुछ यूं छाएगा ____

मौसमी इश्क़ है बदल जाएगा .....

तुम्हें फिर से जीना चाहता हूं

गुज़र गया जो मेरी ज़िन्दगी से ,

वो तुम्हारी सुगंध का महीना चाहता हूं ....

तुम्हें फिर से जीना चाहता हूं ___

तुम्हें फिर से जीना चाहता हूं ___

जी भरकर जीना चाहता हूं ___

तुम्हें फिर से जीना चाहता हूं ___

अबकी मिलोगी जो तुम सनम

जाने ना देंगे तुम्हें हमदम

रख लेंगे पलकों में छुपाकर तुम्हें

जीने लगेंगे फिर से पाकर तुम्हें

गुज़रे तेरे इश्क़ का वो ज़माना चाहता हूं

तुम्हें फिर से जीना चाहता हूं

तुम्हें फिर से जीना चाहता हूं।

हृदय पीर का दरिया

कल – कल बहती क्रंदन की मोती

आह की बाती .. कसक की ज्योती

भोर – सांझ दुपहरिया

हृदय पीर का दरिया _

हृदय निर का दरिया

गिरते- टूटते , बिखरते- संवरते

पत्थर पे उमरिया .....

हृदय पीर का दरिया

हृदय निर का दरिया

नयन की राह पकड़कर

स्मृति की बांह जकड़कर

छुने को मचले सफ़ेद लहू

पलकों की अटरिया

हृदय पीर का दरिया _

हृदय निर का दरिया

तन- मन में आस बसा है

प्रिया वियोग का केसा दशा है

बरसे वृष्टि अश्रु की ......

निस्फल गीत की बादडिया

हृदय पीर का दरिया _

हृदय निर का दरिया

रे हृदय पीर का दरिया _

रीता – रीता ख्यालों का शहर है

रोम – रोम है उदास

यों वसुन्धरा देखे नम नयन ....

आ री पास ओ आकाश ...

राधे की इंतजार बोली ...

आ भी जा ओ सांवरियां

हृदय पीर का दरिया _

हृदय निर का दरिया

दिल

इस दिल का करें क्या ?

कैसे इसे संभालें____

इश्क़ के गम से,

इसे कैसे निकालें___

हर पल -हरलम्हा

आहें भरता है __तड़पता है

अब ये मेरा दिल ,

कहां सुकून से धड़कता है____????

____

हसीन शाम

डूबता सूरज छुपकर पत्तों की ओट से

मुझको निहारे बड़े गौर से

मंद -मंद हवाएं मन हर्षाए

उमंग बरसाए फिजा चारों ओर से

नन्ही- नन्ही पंछियों की मीठी मीठी कलरव

दिल में जगाए मेरे प्यार रे

लौटते मुसाफिरों से भरी राह रे

निकले थे सवेरा है जो घर से

चांद का प्रहर आया,

सितारों की महफिल ले

अंधेरों में खोने चला सारा जग ये

दिन- रात को जोड़े शाम अपनी डोर से

उमंग बरसाए फिजा चारों ओर से

सूरज की लाली देखो कितनी प्यारी

हर रंगों पे ये रंग है भारी

रे रंगरेज मोहे रंगता जा- अपने इस रंग में ,

इतनी जल्दी है क्या ,थोड़ी देर ठहर जा

गुज़ार ले और कुछ लम्हा मोरे संग में

जंगलों में झूमे नाचे गाए मोर रे

उमंग बरसाए फिजा चारों ओर से

तू ज़मीं मैं आसमां

तू नहीं तो मैं कहां.....

तू ज़मीं मैं आसमां

दर्द तू मैं एहसास हूं

हरपल तेरे पास हूं

जो सींचे जींद तेरी

हां मैं ही वो सांस हूं_१

मैं परवाना तू शमा

तू नहीं तो मैं कहां.....

तू जहां मैं वहां ....

तू ज़मीं मैं आसमां......

प्यार है तू ..मैं चाहत हूं

तू खुदा है.. मैं इबादत हूं

तू मेरी मन्नत है यारा.......

मैं तेरी इनायत हूं....._२

तू कदम... मैं तेरा निशां

तू नहीं तो मैं कहां.....

तू जहां मैं वहां

तू ज़मीं मैं आसमां

तू नज़ारा मैं नजर ..

तू समंदर मैं लहर

तुम बिना मैं अधूरा हूं

कह रहा सारा जहां

तू नहीं तो मैं कहां.....

तू ज़मीं मैं आसमां

आ तारे गिनें फिर चांदनी रातों में

क्यों ये दूरी

हाय! क्या मजबूरी

मुझसे बढ़कर

तुझे क्या है जरूरी .??....

तरस गई है नैना

बरस रही है नैना__

भींगने को तेरी मुस्कुराहट के बरसातों में

आ तारे गिनें फिर से चांदनी रातों में ...

लेकर तेरा हाथ अपने हाथों में .....

आ तारे गिनें फिर से चांदनी रातों

मैंने दोनों जहां पाया

तेरी घनघोर जुल्फों की छाया

जैसे कल्पवृक्ष की मधुरिम छाया

तुझमें खोकर तन -मन – नयन

मैंने दोनों जहां पाया ......

मेरी आशाओं की दुवाएं

मुकम्मल करे तेरी निगाहें

किंचित ही लगता दिल को

कितना भी तुम्हें हम चाहें_

अधरों पे खिले पुष्प कण- कण हर्षाए

नज़रों से नज़रे जब मतवारी हय टकराए

झंकृती प्रीत की ... मेरे गीत की

कोई साज़ बनाएं -आवाज बनाए...

अपने गीतों- ग़ज़लों में बस तुमको ही पिरोया

जितना भी गाया प्रिय अनामिका बस तुमको ही गाया

तुझमें खोकर तन -मन – नयन

मैंने दोनों जहां पाया ......

ओ नादान

मेरा जो मासूम सा एक

सीने में है दिल __

उसका तुम्हीं हो जान

क्यों ना समझती हो

ओ नादान ..... ओ नादान

कितना ज्यादा _इतना ज्यादा

करता हूं मैं तुमसे प्यार ...

हां सच में कसम से यार

तुमपे हुए हम कुर्बान

क्यों ना समझती हो

ओ नादान .....ओ नादान

देखो वो केसे गगन में......

मस्ती में अपने मगन में

उड़ रही पंछी पवन संग

चल हम भी वैसे ही उड़कर

छू आते हैं आसमान

ओ नादान ... ओ नादान

तुम जिद्दी बहुत हो...

हद से ज्यादा ....

तेरा ये पागलपन

करता है मुझे परेशान ..

ओ नादान... ओ नादान

तेरे ये नखरे सारे

मुझको लगते बड़े प्यारे

इसी पे तो अपना 'हां'

हम दिल हाय हारे .....

मेरा जो ये मुखड़ा है

इसका तुम्हीं हो मुस्कान

क्यों ना समझती हो

ओ नादान ओ नादान

मेरा जो ये मुखड़ा है

इसका तुम्हीं हो मुस्कान

रूपवती

रूप नगर की रूपवती के

रूप के हुए हम कायल

चैन – वैन ले गया सब छीन

उनकी रुनझुन पायल

देखा सहसा एक रोज़ जो

शिव मंदिर की गलियों में

रंग भर आया प्रित का

चाहत की कलियों में

हाय उनकी तीर अदाएं,

दिल को कर गई घायल

रूप नगर की रूपवती के

रूप पे हुए हम कायल

वो मुझे देख मुस्कुराना उनका

और नज़रों को चुराना

पहली नजर में ही कर गई

मुझको अपना दीवाना

उनकी दो नीली आंखे

कर गई मुझको पागल

रूप नगर की रूपवती के

रूप पे हुए हम कायल

वो हंसती तो ऐसा लगता,

जैसे धूप में बरसे बादल

रूप नगर की रूपवती के

रूप पे हुए हम कायल

ऐसा आलम कब तक रहेगा

ऐसा आलम कब तक रहेगा __

तेरे इश्क़ का गम

और कब तक रहेगा ???????

ये जो तेरे लौट आने की

उम्मीद में रस्ता तकता हूं मैं दिनभर

इस भ्रम में मेरी आंखे नम

और कब तक रहेगा .....?????

की सावन बिता __

सावन आ गया

तेरा यू नजरअंदाज करने का सितम

और कब तक रहेगा...???

तुम्हे भुला दूं__पर केसे

तेरी यादों में दम

और कब तक रहेगा????

कोई नज़्म है जो तेरे सजदे में

होठों पर आना चाहे

तेरे झलक के आस में

दिल में ये दफ़न कब तक रहेगा___???

की भारी बरसात हुई

फिर भी दिल की ज़मीन सूखी ही रह गई

ये तेरे दिए ज़ख्मों का सितम

और कब तक रहेगा___????

हक

गुज़र गया जो लम्हा

फिर वो आता नहीं है

जवानी को बचपन से वक़्त

कभी मिलाता नहीं है ....

फिर भी जुड़ा रहता है ये

यादों की डोर से .....

यादों की डोर से

जज्बातों की मोड़ से......

की यादें तेरी आती है बहुत

लेकिन दीदार मेरे हक में नहीं

रहती हो हरदम बेशक ख्यालों में ......

लेकिन मेरे हक में नहीं_____

53

लेकिन मेरे हक में नहीं_____

चंदन- सी प्यारी है मिट्टी मेरे हिन्दुस्तान की

ये धरती है कृष्ण- राम- गोतम महान की

चंदन - सी प्यारी है मिट्टी मेरे हिन्दुस्तान की

दुनियां को हमने प्रेम का पाठ पढ़ाया है

विश्व गुरु बनकर सत्य की राह दिखलाया है

नदियां झरने गाती गाथा यहां प्रेम में कुर्बान की

चंदन -सी प्यारी है मिट्टी मेरे हिन्दुस्तान की

कुदरत का उद्गम यहीं है_ हर मौसम निराला है

हर घर यहां मंदिर सा है _हर घर शिवाला है

सुबह शाम होती जयकारा यहां ईश्वर के आह्वान की

चंदन -सी प्यारी है मिट्टी मेरे हिंदुस्तान की

हर मानव यहां मानवता की पुजारी

सभ्यता का उपासक है

एक दूजे का ढाल है_

धर्म नीति का पालक है _

वसुधैव कुटुम्बकम् हमारे संस्कार का नारा है

हर्ष का बहार है बारहों महीना _चारो ओर उजियारा है

यहां बहती दसो दिशाएं हवाएं _

दिव्य ऊर्जा संचारक प्राण की

चंदन- सी प्यारी है मिट्टी मेरे हिन्दुस्तान की

हरपल है खुशियों की लड़ी

हर दिन त्योहार है ,

प्यार का ये दरिया है

यहां प्यार ही प्यार है

युगों युगों तक ऋषियों मुनियों ने

अपने तप से इस भूमि को सींचा है

स्वर्ग से सुंदर सबसे प्यारा

मेरा वतन इस धरा का बगीचा है ___

हम भारतवासी अपने वतन को

 मां सा सम्मान हैं देते

इसकी आन को इनकी आबरू खातिर

हम हसते -हंसते जान दे देते

लहराता रहे तिरंगा सदा परचम हमारे शान की

चंदन -सी प्यारी है मिट्टी मेरे हिन्दुस्तान की

और एक कदम चल दे तू बंदे

और एक कदम चल दे तु बंदे ,

ठहरेगा अब मंजिल पे ।

दूनियाँ तेरे पीछे चलेगी ,

तु राज करेगा हर दिल पे ।

बिना रूके बिना झुके ,

निरंतर चलते जाओ।

छोटी -छोटी बाधाओं से,

तनिक भी ना घबराओ ।

संघर्ष हर्ष का आधार है ,

मंत्र है सफल जीवन का ।

संघर्ष ही है सुगंध-खुशबू ,

ख्वाबों के सुमन का......

जो तपता है वही निखरता ,

ख्वाबों का मंजर पाता है ।

सौहरत की बुलंदियों को छुकर ,

पूरे जग वो छाता है ...

हार मानता कायर है ,

तुम तो योद्धा वीर हो ।

हर विघ्न डिगे जिसके बल ,

तुम तो वो शमशीर हो ....

खामोशी से चलते जाओ ,

तराने कि महफिल पे

और एक कदम चल दे तु बंदे ,

ठहरेगा अब मंजिल पे ।

ज़िन्दगी में मेरे फिर से बहार आ गया

मिट गए सारे गम

ख़ुदा ने की रहम

ख़ुद से हम मिले _

रास्तों से कदम ....

चाहत की सारी कलियां खिल गई

दुवाओं की सारी मन्नत मिल गई

चोट सारे अब बेदर्द हो गए.......

दिल अब वीराना से महफ़िल हो गई ...

की_चहक की गुलाल ले उमंग का त्यौहार आ गया.....

ज़िन्दगी में मेरे फिर से बहार आ गया.....

बेघर बच्चे

सुबह की बेला, शहर के समीप

देखा इक अचंभित वाकया,

कच्ची उम्र के बच्चों कि टोली ,

बिखरे धुने बालों वाले ,मेले चिथरे कपड़े पहने

पीठ के बल इक बड़ा पालीथीन का थैला लिए ,

पालीथीन ,करकटो को बीनते जा रहें हैं?

देखता रहा कुछ छण तक ठहर कर ,

उन मासूमों कि विवशताओं को

जिन्हें चिंतामुक्त हो बचपन जीना था,

जिन्हें किसी स्कूल में होना था ,

जिन्हें ख्वाब भविष्य का संजोना था

जिन्हें नादानी में खोना था

उन्हें इक रोटी को तरसते देखा

भुख के ज्वालाकुन्ड में जलते देखा

नम आँखों कि वजह देखी

जीन्दगी-मौत की सुलह देखी

बचपन के उम्र की जवानी देखी

देखा वो सारे प्रश्नों को ,

जिन्हें मन स्वीकार नहीं करता

कल्पना समझ किसी कहानीकार का

जिनपे कोई विचार नहीं करता ।

देखा हालात आजाद भारत का

इक छोटे से पल के दृश्य में

प्रतीक्षा

नयन पसारे राह में ,

भींगकर विरह की आह में

आज भी तेरे लौट आने की जिज्ञासा रखता हूं

प्रतीक्षा की परीक्षा में सफलता का आशा रखता हूं।

मुझे विश्वास है अपने प्रेम पर

तुम जरूर आवोगी .....

मजबूरियों की जंजीरों को तोड़ कर,

बाधक हर परम्परा-मर्यादाओं से मुंह मोड़ कर

प्रेम की लाज़ रखने

तुम जरूर आवोगी ......

पुरुरवा उर्वसी से बिछड़ कर कैसे जीता होगा?

मुझसे बेहतर कौन समझ सकता है।

यक्ष के विरह व्याकुलता को _

मुझसे बेहतर कौन अनुभव कर सकता है।

अंतर्मन को द्रवित कर ,

हृदय को झकझोर कर रख देने वाली विरह की अग्नि,

अपनी तपन बढ़ाती ही जा रही है

कोई अनबुझ प्यास जो तेरे जाने के बाद जगा था

अभागा बुझने का नाम ही नहीं लेता।

मन कहता है -तुम जरूर आओगी ...

बारिश बनकर दोबारा मेरी ज़िन्दगी में

विरह की अग्नि बुझाने.......

इस दुनिया में जानम प्यार ही प्यार है

उलझी नींदो की डोर अब सुलझती नही

तेरी ख़्वाब से पलकें अब खुलती नही

तुझको पाकर में तुझमें खो जाता हूं

एक पल ही सही पर तेरा हो जाता हूं

यहां तुम साथ हो न कोई इंतजार है

इस दुनिया में जानम प्यार ही प्यार है

फूलों की वादियों में है अपना जहाँ

जानें सपनों की दुनियां है आखिर कहां?

चाहत में घुला मौसम -खुशियों की बहार है

इस दुनियां में जानम प्यार ही प्यार है

सिंदूरी ओढ़नी ओढ़े तू आती है नजर

सारे नज़ारे जाते तुझपे ठहर...

तुझको पाकर में तुझमें खो जाता हूं

एक पल ही सही पर तेरा हो जाता हूं

प्रेम गीत में मगन रहता वो चमन

होता है वही दो दिलों का मिलन

एक मैं – एक तुम और खुशियों की बहार है

इस दुनियां में जानम प्यार ही प्यार है

धड़कन

कहती है धड़कन _तुम बिन लगता नहीं मन

रुह की बैचेनियों की तू राहत हो गई

हरदम तुम्हें सोचा करूं मैं......

तुम्हें चाहने की मुझको आदत हो गई....

तन -मन बैरागी हो जाए

तन -मन बैरागी हो जाए

छू ले नयन जो तेरा रूप मधुमासी

रंग जाए रोम- रोम इंद्रधनुषी रंग में

जैसे समंदर में आकाशी

विमोहन तीर भेदे हृदय

चित्र मिलन रचे भाव अंतरवासी

तन मन बैरागी हो जाए

छू ले नयन जो तेरा रूप मधुमासी

जो पा जाएं एक झलक तेरी

बावरा -मतवारी धहक कोई

राख कर जाए मेरी सारी उदासी

तन -मन बैरागी हो जाए

छू ले नयन जो तेरा रूप मधुमासी

सनसनाती पवन जुल्फों को जो बिखेरे

हट जाए चेहरे से लटो के झूलते पहरे

हम हो गए अनुरागी

लगन ऐसी मोहे लागी ....

हारे चित बेसुध हुए देख चांद चंद्रमासी

तन -मन बैरागी हो जाए

छू ले नयन जो तेरा रूप मधुमासी__

समन्दर और नदी

समन्दर से नदी जा जब मिल जाती है

पड़े अरसों से सूखी ख्वाहिशें

जब खिल जाती है ..

हो जाती पल रूमानी

रंगीन हो जाती कहानी

लहरों संग मतवारा होकर

तब झूमे पानी -पानी

नदी की आंसू समंदर का कंधा भींगाता

ओ धरती नाचे – है अम्बर गाता

- है अम्बर गाता .. है अम्बर गाता

प्रीत इनका

-जग को सुनाता

-

कभी टूटे ना ये डोरी

चाहे कुछ भी आए मजबूरी

रहे साथ -साथ बहे साथ-साथ

एक पल की ना हो दूरी

ओ अपनी व्यथा -अपनी पीड़ा

अपने कान्हा से सुनाती मीरा

केसे जीती थी तुम्हारे बिन _

केसे काटा मैंने इतने दिन

ओ पल -पल में मरती थी

तेरी यादों में खोई रहती थी

पीर का बादल लेकर दिल में

निरंतर मैं बहती थी...

अब मिट गई सारी परेशानी

रंगीन हुई कहानी

लहरों संग मतवारा होकर

अब झूमे पानी - पानी

रंगीन हुई कहानी

लहरों संग मतवारा होकर

अब झूमे पानी - पानी

मेरी मां

ममता ,करुणा जिसकी उपमा

वो है __हां है __वो मेरी मां.........

हंसी की ज़मीं _खुशी का आसमां...

मेरी दुनिया ___है मेरी मां.........

जिसने मुझे दिया है जन्म

जिसकी अंगुली पकड़

चलना सीखा ये कदम___

जिसके सीतल आंचल के तले

बीता बचपन हुए हम जवां......

वो है __हां है __वो मेरी मां.........

सारी दुनिया जब मेरे ख़िलाफ़ होगीं

उस वक़्त भी मां मेरे ही साथ होगीं ...

मूझपे अपना हर दौलत लुटाकर

मुझसे मां ने कभी कुछ नहीं मांगा

मेरी सलामती को मेरी मां ने.....

ईश्वर की भक्ति की हर सरहद लांघा....

जो मेरे गम से कर ले सौदा

अपना पल खुशनुमा......

ऐसी है , मेरी प्यारी मां.....

ममता ,करुणा जिसकी उपमा

देखो ना हम कितने मजबुर हो गए

ज़माने के साथ चलते- चलते

खुद से ही दूर हो गए

वक़्त के इस दहलीज पर

देखो ना हम कितने मजबूर हो गए ...

बेमोल बिक गए,

अपने हालातो के हाथों

ख़्वाब थे हम सिसे का ...

चोट खाकर चकनाचूर हो गए

देखो ना हम कितने मजबूर हो गए ...

अब कोई आस नहीं दिखता

कोई प्यास नहीं दिखता

हर मौसम पतझड़ -पतझर है

अब मधुमास नहीं दिखता

कल तक तो थे प्रकाशित दिए

खुद को भूलकर ओरों को जिए

आज बूझकर बेज़ार बेनूर हो गए

देखो ना हम कितने मजबुर हो गए

उम्मीद नहीं रही किसी से अब,

भरोसा का सारा जज्बात जल गया

यहां हर शक्स मौसम निकला

कमबख्त वक़्त -वक़्त पे बदल गया

हम बिखरे ऐसे क्या बताएं केसे

अपने आदत से हो लाचार दृष्टिहीन दस्तूर हो गए

ज़माने के साथ चलते- चलते

खुद से ही दूर हो गए ,

देखो ना ʻ हम कितने मजबूर हो गए

जंगलों में झूमकर बारिश ऐसी आई

जंगलों में झूमकर बारिश ऐसी आई

की पत्तो-पत्तो में उमंग का बहार आ गया

ओ दिल के उपवन में सरगम बजने लगे

की अखियों के दरिचे मेरा यार आ गया

मौसम है जवां -- फिज़ा रंगीन है

नजारों की नज़र भी थोड़ी नमकीन है

छंदों में घूलकर -लय में उतरकर

मेरे गीतों में साज का झनकार आ गया

ओ दिल के उपवन में सरगम बजने लगे

की अखियों के दरिचे मेरा यार आ गया

तितलियों संग हो_ मन मेरा उड़ने लगा

फूलों -कलियों की रंगत हम चुराने लगे ,

मिट गई सारी बेकरारी - खलिश ____

इस मदहोशी में खुद को हम भूलाने लगे

क्या है समा ____है केसा असर

मस्तियों की शबाब_ छाई है पलकों पर

आशा थी जिसकी _जिसका था खुमार

दिल के सबर का इंतजार आ गया

ओ दिल के उपवन में सरगम बजने ल गे

की अखियों के दरिचे मेरा यार आ गया

डूब गई सारी शिकवे की कश्तियां

मिट गई सारी उलझनों की बस्तियां

की ऐसी लहर -ए दीदार आ गया

ओ दिल के उपवन में सरगम बजने लगे

की अखियों के दरिचे मेरा यार आ गया

ओ दिल के उपवन में सरगम बजने लगे

की अखियों के दरिचे मेरा यार आ गया

दर्द के साये में ज़िन्दगी आ गई

इतने बरसे सितम की

असर खो दिए

उम्मीदों के शहर में

उमर खो दिए

दो कदम राहत का हम चल ना सके

वक़्त बदलते- बदलते_ वक़्त बदल ना सके

बड़ी मुश्किल से चंद खुशियां समेटे थे ,

मुहब्बत के आंगन से .....

बड़ी मुश्किल से दिल की प्यास बुझाए थे

चाहत के सावन से

वो जो गई... हाय सब खो गया

मुझको गमों से मिलाकर गई

दर्द के साये में फिर से ज़िन्दगी आ गई.....

खुद से करू शिकायत....

या खुद को दिलासा मैं दूं

इतने निराशा के बाद भी

खुद को आशा मैं दूं....

यूं तो कहने को हम आबाद है

कोई मुझमें झाकें कितना अवसाद है

ये दौलत हँसी_ सुकून नहीं देती

मेरे शिथिल धड़कनों को जुनून नहीं देती

मुमकिन नही ये मुझे प्यार अदा करे ....

मुमकिन नहीं मेरी हर ख्वाहिश खरीद दे

मुमकिन नहीं मेरे ख़्वाब मुकम्मल करे

मुमकिन नहीं ये मेरी सारी जिद दे....

दिल के शाखों में बड़ी_ दुवाओं के बाद

कुछ कलियां खिली थी, करार हुआ था आज़ाद

बेरहम हवाओं के मार से वो भी झर गई....

दर्द के साये में फिर से ज़िन्दगी आ गई.....

अधूरा इश्क़

कई साल तक किताबों में रहकर

तुम्हारी मुहब्बत की निशानी

निकल कर किताबों से आज

बयां कर रही, हमारी मुहब्बत की कहानी

पाकर भी तुम्हें हम पा न सके थे ,

वादे -कसमें हम निभा न सके थे ।

हम मजबूर थे कहीं, तुम भी मजबूर थी ,

करीब थी मेरे सबसे, फिर भी दूर थी ।

तेरा होकर भी हमसफ़र तुझे बना न सके थे ,

पाकर तुम्हें, हम पा न सके थे ।

हृदय में मेरे ,तेरी धड़कन -धड़कती थी ,

तेरी ज़ुल्फ़ों की हवाओं में ,मेरी साँसें चलती थी।

पर ये खुशियाँ महज़ एक पल का बसेरा था ,

नजर पड़ी जमाने पर, पाया हमारे इश्क़ पे पहरा था।

सितमगर ढा सितम कर दिया तुझे मुझसे बैगाना ,

चली गई किसी गैर के घर डोली में मेरा आँगन रह गया सुन्ना।

तेरी रूह में रहकर भी , तुम्हें अपना बना ना सके थे__

पाकर तुम्हें ,हम पा न सके थे .....

तेरी सुध में मनवा भागे

तेरी सुध में मनवा भागे ,

ढूँढे नैना तोहे पिया रे

रैना गुजरे निंदिया न आवै

जग सोए हम रोए पिया रे

ख्बाब टुटा जैसे दर्पण टुटे ,

अश्क समन्दर सा बहे पिया रे

तोता -मैना के किस्से मे ''विरह'' तड़प लेकर आया

चाँद छुपा चकोरी से, नभ मे अंधेरा छाया

भावै न कोई रुत ,हृदय दरस बस तेरा माँगे

तुम बिन सावन भी पतझड़ लागे ......

ताकु सांझ -सवेरा राह ,

राह में अटका मोरा जिया रे

ढूँढे नैना बस तोहे पिया रे।

कल के बिछड़े

कल के बिछड़े ऐसे मिले हम,

जैसे टूटे पत्ते फिर से शाखा पर आ लगा हो

जैसे पिंजड़ बंद पंछी को उन्मुक्त आकाश मिला हो

जैसे मुरझाया पुष्प एक नयी किरण पाकर खिल उठा हो

कल के बिछड़े ऐसे मिले हम ।

फिर से ज़िन्दगी चहक उठी है,

अब हवाएं भी पहले सी महक उठी है ।

ज़िन्दगी गुलजार हुआ, हर क्षण हुआ हसीन,

बीता मौसम तन्हाई का, लौट आया गुजरे दिन ।

खामोशियां टूटी, दिल मुस्कुराया

खोया कल का आज है पाया ।

शिकवे- गिले , सारी शिकायतें,

जुदाई, विरह कि सारी बातें ।

गुम हुआ, हुआ बेखबर,

मिली जो हमारी नज़र

भींगीं पलकों से एक टुक निहार कर ,

आ लगी गले कोई खोई चीज पाकर

वर्षों के तड़प की आग आंसुओं में समा गया,

ज़िन्दगी पा सहारा भंवर से निकलकर साहिल पे आ गया ।

कल के बिछड़े ऐसे मिले हम

जैसे अंधेरा आ मिला हो प्रकाश से

जैसे प्यासा आ मिला हो प्यास से

कल के बिछड़े ऐसे मिले मिले हम

____

कभी यादों की अम्बर से

कभी यादों कि अम्बर से

उतरकर सामने आ जा_____

मेरे हमदम__ मेरे यारा

मेरे सामने आ जा __

तुम्हारे बिन _ओ मेरे दिन

बेरंग गुज़रता है _____

हो जैसे सावन की बारिश

वैसे आंसू झरता है

कभी आंसू से निकलकर

मेरे उम्मीदों पे चलकर

ये अंधेरा बुझा जा_______

कभी यादों कि अम्बर से

उतरकर सामने आ जा______

मेरे हमदम__ मेरे यारा

मेरे सामने आ जा __२

ओ मेरी हिर मेरी तकदीर

मेरी वफाओं की तस्वीर

जुदाई की थपेड़ों ने _

मुझे झकझोर किया मुंतशिर

तेरी ख्यालों की दुनियां में

की मैं रस्ता भूल गया हूं...

तेरी चाहत के रंगों में

की ऐसे मैं घुल गया हूं

जिगर को दे तसल्ली आ ___

मुझे ना और सता....

कभी यादों की अम्बर से

उतरकर सामने आ जा______

मेरे हमदम__ मेरे यारा

मेरे सामने आ जा __

ऐ ज़िन्दगी

ज़िंदा हूं अभी ऐ ज़िन्दगी

किस भ्रम में तू मर- मर कर जी रही

अभी बाकी है सांसे कुछ मुझमें कहीं

जी लेने दे जरा आशा है जगी

थकी आंखों को आराम दे .....

झुलसे मन को शाम दे

चेहरा खिला मिटा मायूसी

ऐ ज़िन्दगी -ऐ ज़िन्दगी

तृष्णा से बाहर आ ,

हृदय को सुकून दे...

खुद को प्रकाशित कर

शिथिल हौसलों को जुनून दे

अरसों के बाद आया ये याद

ज़िंदा हूं अभी ..

ऐ ज़िन्दगी – ऐ ज़िन्दगी

जी लेने दे पल दो खुलके

जो मुझमें बाकी है कहीं

ऐ ज़िन्दगी- ऐ ज़िन्दगी

तुम कहती थी

तुम कहती थी, हम कभी बिछड़ेंगे नहीं

एक दूजे से मिलने को, कभी तड़पेंगे नहीं,

आज सा ही कल होगा,

तुम साथ मेरे हर पल होगा,

तुम बिन साँसे कभी लेंगे नहीं,

तुम से जुदा होंगे नहीं

रहना है सदा तेरी बाँहों में

पास तेरे, तेरी पनाहों में,

न जाने और कितनी वादे करती थी,

मग्न इश्क़ में रहती थी,

क्रूर वक़्त ले ऐसी आंधी आयी

उजाड़ दिया संसार हमारा,

बिछड़ गए हम एक दूजे से,

दफन हो गया प्यार हमारा।

हो गयी तु इतनी दूर कि

तेरी कोई खेरो – खबर तक नहीं मिली ,

ढूंढ लिया पूरा शहर पर

तुमसे एक नज़र भी नहीं मिली।

एक हसीन स्वप्न थी तु,

ये सोच भूला दूँगा तुझे

पर ये बातें, ये यादें कैसे भूलाऊ तुम कहती थी....।

कोई ख़्वाब

कोई एक ख़्वाब मेरे, पलकों से निकलकर,

ज़िन्दगी में चलकर आया है l

कोई एक कली निखकर, कई रंगो में ढलकर

गुल बन इतराया है ।

दिन के फासलों से जलकर,ख्यालों में उभरकर

पा निशा में चाँद , चकोर देख मुस्कुराया है ।

कोई एक ख़्वाब मेरे, पलकों से निकलकर

मेरी ज़िन्दगी में चलकर आया है ।

कोई एक जानी पहचानी- सी गीत

कोई सदियों का बिछड़ा रूठा- सा मीत

कोई चाहत के अरमानों का ख़्वाब

कोई अनंत खुशियों के पन्नों की किताब

किस्मत से पाया है....

कोई एक ख़्वाब मेरे पलकों से निकलकर

ज़िन्दगी में चलकर आया है

दोनों ये नयन जलता है

बेजान पड़ा है आस पे साँस

आहट का भ्रम छलता है

जलता है निरंतर दिपक सा

दोनों ये नयन जलता है ।

कितने समंदर रोएं आँसू

कितने जज़्बातो के खोए मोती

भुल के बिते कल को मन....

आज पे क्यों न चलता है ।

लोग कहते है वक्त के साथ

कायनात भी रंग बदलता है

पर अरसों हुए गुजरे कल को बिते ,

दिल क्यो न दर्द वो भुलता है ......

दिल क्यो न दर्द वो भुलता है ......

उस पल का इंतजार कर रहा हूं मैं

दुल्हन बनकर जब

मेरे अंगने में तुम आओगी ....

घूंघट की आड़ से

मुझे देखकर शर्माओगी

उस पल का इंतज़ार कर रहा हूं मैं

बेहद बेशुमार कर रहा हूं मैं__

तुम मेरी जब हो जाओगी

मेरे नाम की सिंदूर मांग में सजाओगी

उस पल का इंतज़ार कर रहा हूं मैं

बेहद बेशुमार कर रहा हूं मैं__

हो.... ना दूरी होंगी एक पल की भी

हरपल कानों में गूंजेंगी धुन तेरी पायल की__

तुम रूठोगी मैं मनाऊंगा

तुम्हें हद से ज्यादा चाहूंगा

कब आएगा वो पल ....

उस पल का इंतज़ार कर रहा हूं मैं

बेहद बेशुमार कर रहा हूं मैं__

वो ख़्वाब

कितना संभाल कर ...

धड़कन में ढालकर

रखा था वो ख़्वाब ..__

आंखो से आंसू संग

होकर के पानी रंग ...

झर बिखर गया ...

वो ख़्वाब .. क्यों ख़्वाब?__

खुद से सौ सवाल करूँ

हरदम उसका ख्याल करूँ

आंखो को लाल करूँ

रूह को बेहाल करूँ

ऐ ज़िन्दगी दे जवाब ..

कैसे खो गया तुमसे वो ख़्वाब ....

ढूंढू उम्मीद ले_ खुद में हरपल उसे

काश वो मिल जाए बनकर दुआ

नज़रों से मेरे .. मुंह मुझसे फेरे

क्यों हो गई वो.... आखिर धुआं...

ठहरा कदम अब ..गुम जो हुई मंज़िल ..

जाएं कहां अब तू ही बता ऐ दिल...

बादल में छुप गया या कहां किसी और का हो गया

मेरा मेहताब.....हां वो ख़्वाब .....

लिबास

मैं जब कभी भागदौड़ से

कुछ मोहलतें ले ,

अपनी ज़िन्दगी की जायजा लेता हूं____

मैं बहुत दुःखी होता हूं

अपनी ज़िन्दगी के बदन पर

फट्टे,- चिट्टे हँसी का लिबास देख

जिसमें जगह -जगह पर उम्मीद का रफू है __

मैं अपनी ज़िन्दगी के चेहरे को गौर से निहारता हूं _

मुझे देख ज़िन्दगी मुस्कुरा तो लेती है , किन्तु

इसके आंखों की पानी में इसका दर्द साफ साफ़ झलकता है

हर बार इसे मैं बस दिलासा देता हूं __की

"यार बस कुछ दिन की ही बात है _फिर सब सही हो जाएगा "

इस सही वाले दिन के पीछे मैं दिन – रात बेतहाशा भागता हूं_

हाथ तो आता हैं किन्तु हाथ आने के तुरंत बाद मछली सी फिसल जाती है______

मैं दिन -रात श्रम करता हूं _’____

बस इतना सा धन के लिए

जिसमें मैं अपनी ज़िन्दगी के वास्ते

ख़ुशी की एक लिबास खरीद सकूं ___

इसके चेहरे के लिए मैं मुस्कुराहट का भाव ख़रीद सकूँ___

मैं दिन रात भागता हूं ____

लेकिन ज़िन्दगी की लिबास की पूंजी

मैं जुटा नहीं पाता _____

शायद इस दुनिया में सबसे कीमती

खुशियों का लिबास ही है

जिसकी चाहत में हर __

कदम भागता है ____

हर आंखें भागती है ____

हर आशाएं भागती है ___

हर मन भागता है _____

पूरा जहां भागता हैं____

"उम्र भर भागता है "_____

ये भागदौड़ इस लिबास का ही है ___

दस्तूर

गुजरे हुए दिनों की

तेरे संग बिताए महीनों की

यादें अभी भी __

मेरे दिल में महफूज है_

दस्तूर है ये ____केसा दस्तूर है

इश्क़ का केसा ये फितूर है __

आधे – अधूरे होते नहीं पूरे

इश्क़ की कहानी का क्यों तड़प नूर है __??

तड़प नूर है क्यों __??तड़प नूर है

हिर को रांझा ना ___

रोमियो को जूलियट मिला

सिद्दत की मुहब्बत में क्यों

जहर जुदाई का सिला ___

दो दिल की हामी में __

ज़माना का क्यों ना है

इस चाहत की दुनिया का क्यों

सितम आसमां है ____

सितम आसमां है क्यों

सितम आसमां है .....

दस्तूर है ये दस्तूर है

इश्क़ की कहानी का तड़प नूर है

तड़प नूर है क्यों ?तड़प नूर है????

:::::::::::::::::::::::::::::::::::::

ज़िन्दगी ना मिलेगी दोबारा

बंधे ख्यालों की जंजीरों को तोड़कर,

खुली हवाओं सी बहना चाहता हूं

सारी दुनिया से बेखबर होकर

अपनी धुन में मस्ताना रहना चाहता हूं..

बड़ी घुटन होती है इस रोजमर्रा की ज़िन्दगी से

भूलकर बेहतर कल का ख़्वाब

छोड़कर कल से उम्मीद

आज के हिस्से की हर लम्हों को जी भर कर जीना चाहता हूं

अपने नज़रों को चाहत की फिजाओं में उलझाना चाहता हूं

पाना चाहता हूं बस छोटी -छोटी खुशियां

और उन खुशियों में खुद को खोना चाहता हूं

मैं ज़िन्दगी को ज़िन्दगी सा जीना चाहता हूं,

मुझे अफसोस करना नहीं आता ,

मुझे किसी को सताना नहीं आता ।

बेवजह किसी वजह में सामिल होकर

खुद को रुलाना नहीं आता..

इन आदतों संग मैं ज़िद्दी रहना चाहता हूं

मुझे कल का पता नहीं पर कल के लिए मैं दिन रात व्यस्त हूं

मुझे नहीं चाहिए ये बेताबियां – बेसब्रीयां ...

मैं बस आज के हिस्से की खुशी चाहता हूं

आज के हिस्से की हँसी चाहता हूं

मैं अपने ईश्वर को बस इतना ही कहना चाहता हूं

मैं किसी आज़ाद परिंदा सा – आज़ाद रहना चाहता हूं

बड़ा नाजुक दिल है मेरा ,

कमबख्त छोटी- छोटी बातों पे रूठ जाया करता है

जरा सा दर्द का बोझ पाकर टूट जाया करता है

डर लगता है अब इस ज़माने से – यहां के लोगों से

कोई तोड़ ना जाए दिल, कोई छोड़ ना जाए साथ

अपने इस दिल को अटूट करना चाहता हूं

इसकी हर हसरतों को पूरा करना चाहता हूं

इसके लिए हर रास्तों से गुजरना चाहता हूं

मैं लहराना चाहता हूं शाखो में लगे पत्तों की तरह

मैं झूमना चाहता हूं खेतों में लगे फसलों की तरह ...

बंधे ख्यालों की जंजीरों को तोड़कर

खुली हवाओं सी बहना चाहता हूं

सारी दुनिया से बेखबर होकर

अपनी धुन में मस्ताना रहना चाहता हूं

प्यार है

एक एहसासों की मीठी पहल प्यार है

दो धड़कनों की एक सी हलचल प्यार है....

हर रंगों की सोहबत से खिली कमल प्यार है

इश्क़ नवाजी में लिखी मेरी हर ग़ज़ल प्यार है___

प्यार है.... 'तेरा ख्याल'

प्यार है ... 'मुझे तेरी फिकर'

प्यार है ... 'तेरा इंतजार'

प्यार है... 'तेरी यादों की लहर'

प्यार से यारगी __ प्यार से ज़िन्दगी

प्यार से तेरी हँसी__प्यार से मेरी खुशी

प्यार है... 'ऐतबार'

प्यार है __ ''चाहत की खुमार''

__प्यार से ही कायम है___

______ ये सारा संसार ....

दो दिल करे जो एक जान

__ प्यार है __ प्यार है____

हम तुझपे जो हुए कुर्बान ....

___प्यार है__प्यार है____

प्यार है _ ''दिल की प्यास''

प्यार है _ ''सबसे प्यारा एहसास''

प्यार है __ ''नींद कम ख़्वाब ज्यादा''

प्यार है __ ''वो कसम , वो मेरा तुमसे वादा''

प्यार है __ ''तुम्हें पाने की ज़िद''

प्यार है __ ''मेरे सारे गीत'' .....

प्यार है __ ''तुम बिन जीना ना गवारा''

प्यार है __ ''जो हुआ मैं तुम्हारा''___

प्यार है __ "मेरी बेकरारी"

प्यार है__ "मेरा पागलपन"

प्यार है__ " तेरी हँसी को अपनी खुशी लुटाना"

प्यार है __ "मेरी चाहत का सावन" ____

दो नज़रों पे जो ख़ुद को नज़्र करे वो पल प्यार है_

एक एहसासों की मीठी पहल प्यार है।

पहला -पहला प्यार

पहला -पहला प्यार की खुमारी

छाई आंखो में .....

किसी की चाहत कैद हुई

दिल की सलाखों में।

बदली -बदली दुनियां अब लगने लगी है

सोई मेरी जीने की आशा जगने लगी है

दिन मेरे गुलज़ार हुए राते हुई बहार

वो ऋत छाया ज़िन्दगी में_ जिसका था इंतजार

धूप की चुनरी ओढ़ कर नज़र

दीदार का नगमा गाती है....

धड़कन की आवाज पाक मन से

उनको नजारों में बुलाती है

चांद सा सुनहरा एक चेहरा ठहरा ख्वाबों में

पहला- पहला प्यार की खुमारी

छाई आंखो में .....

ओ रंग बिरंगा ख्वाइश खीला

जज्बातों की साखों में

पहला- पहला प्यार की खुमारी

छाई आंखो में .....

कर्ज

तुम कितनी कष्ट उठाती नारी

पत्थर भी पिघलाती नारी

हर पीड़ा दूजों का हरकर,

खुशियों का सुमन बरसाती नारी।

हर दर्द अपना आंसू पीकर,

अपने ज़ख्मों को खुद ही सी कर

रह लेती खामोश बेचारी

कितना कोमल हृदय है तुम्हारा ..औ नारी _२

हर किरदार में तुम ऐसी छाई,

जैसे जीस्म साथ हो परछाई।

कभी माँ , बहन, पत्नी कभी,

हर रूप की धनी हो नारी ।

जैसे धरती पर अंबर का साया,

वैसे तेरी आँचल का हमपर साया ।

एक से बढ़कर एक वीर आए – गए जहां में,

पर कर्ज तेरा कोई चुका न पाया ।

ये धरती यश गाए तेरी,

ये व्योम शीष झुकाता है ।

तेरी त्याग, समर्पण, श्रद्धा पर,

पूरी दुनिया गाथा ये गाता है ।

तुम सींच कर ये दुनिया सारी,

कर दी हो कितनी प्यारी

तेरी गोद में खेले तेरी फूलवारी,

तुम सा ना कोई दूजा..औ नारी-औ नारी।।

मां -

मां तेरी चरणों में दोनों जहां है

धरती है___ धरती है

है आसमां है ______

मां तेरी चरणों में दोनों जहां है

तेरी आंखों में मां ,

ममता की है समंदर समाया ,

सबसे सीतल है मां __

तेरी आंचल का छाया ।

सारी दुनिया ने बेवफाई की

तूने हरदम वफ़ा की ,

मेरी सलामती को मां ___

तूने कितनी दुआ की

तुम सा ना दूजा कोई

ओ मेरी मां है

मां तेरी चरणों में दोनों जहां है

तेरी नज़र में मां

मैं हूं सबसे प्यारा

अम्बर है तू मेरी मां

मैं हूं तेरा तारा ...

मां तेरी चरणों में दोनों जहां है

धरती है ____धरती है

है आसमां है ....

उस पल का इंतजार कर रहा हूं मैं_

सब्र के आगे चलना

सब्र के आगे चलना

सब्र के संग चलना

ये दिन है यक़ीन का

यकीन के संग चलना

उम्मीदों की लौ_

जलता रहे ....

मंज़िल के ठिकाने की ओर

कदम चलता रहे ....

मोम सा शान से_ जलना पिघलना

तम के विरूद्ध में प्रकाश हो झरना

सब्र के आगे चलना

सब्र के संग चलना

संघर्ष के बाजुओं में,

है अपार बल ...

हिम्मत ना हार

बाधाएं संहारे चल....

ये अंधेरा घना ढल जाएगा

उम्मीदों का सूरज निकल आएगा

याद रहे प्यारे ... ना है ठहरना

सब्र के आगे चलना

सब्र के संग चलना.

कभी है हसी तो आंसू कभी

है गर छाव तो_ है धूप भी

हर मौसम की ज़िन्दगी है फसाना

आज खोया __ कल है पाना

कुछ खोने का गम ना ..

अफसोस से तलना

तुम्हें है नियति का

हर नियम बदलना ...

सब्र के आगे चलना

सब्र के संग चलना

मोह से तोड़ रिश्ता नाता

हर तृष्णा को डिगाते चल

नई नीति के समंदर में

हर छल को डुबाते चल ....

मन को मंज़िल में उलझा..

जीवन का हर उलझन सुलझना

अकेला है चलना..

तुम्हें जग बदलना ..

सब्र के आगे चलना

सब्र के संग चलना

चांद मेरे सिरहाने _ आकर बैठ जा

चांद मेरे सिराहने _आकर बैठ जा

कुछ मेरी सुन __कुछ अपनी सुना

चांद मेरे सिराहने _ आकर बैठ जा

चांद मेरे सिराहने _ आकर बैठ जा

कैसी चल रही ज़िन्दगी की कशमकश

ओ मुखड़ा दिखा _दुखड़ा बता

चांद मेरे सिराहने _ आकर बैठ जा__

चांद मेरे सिराहने _ आकर बैठ जा__

तन्हा हूं मैं _आ मेरा साथ दे

ओ जानें_जां मुलाक़ात दे_

छूने का भी मैं कर लू खता

चांद मेरे सिराहने _ आकर बैठ जा__

चांद मेरे सिराहने _ आकर बैठ जा__

तेरे बिना मेरा हाल क्या???

ज़िंदा हूं मैं_ज़िंदा हूं क्या???

ये मेरे मेहताब मुझे ना सता

चांद मेरे सिराहने _ आकर बैठ जा__

चांद मेरे सिराहने _ आकर बैठ जा__

देखो ना मौसम है कितना प्यारा

हवाओं में घुला है सरारा __

बनकर नजारा _मेरे पास आ_

चांद मेरे सिराहने _ आकर बैठ जा__

चांद मेरे सिराहने _आकर बैठ जा__

तू इतनी दूर है__तुझे पाने से रहा

मेरे इश्क़ को ना और आजमा_२

सुन ले पुकार _ओ मेरे यार

मेरे इंतजार को दे दे दीदार

फलक से उतरकर __ज़मीन पर आ

चांद मेरे सिराहने _ आकर बैठ जा__

चांद मेरे सिराहने _ आकर बैठ जा__

____*_______*________*_______*

बाबुल की लाडो साजन संग चली

बचपन की अंगना छोड़

छोड़ यादों की गली

बाबुल की लाडो

साजन संग चली

अपनी चहक ले

अपनी महक ले

घर की रौनक

साजन संग चली

भैया का प्यार

बाबा का दुलार

छोड़ बाबुल का संसार

चली रे चली .....

बाबुल की लाडो

साजन संग चली

हर आंखों को दे आंसू का उपहार

ले दुवाओं का अपार अंबार

घर को सुन्ना - सुन्ना कर चली

बाबुल की लाडो

साजन संग चली

मां से लिपट कर जी भर कर रोई

दोनों ने एकदुजे का कंधा भिंगोई

बचपन से अबतक की सारी कहानी

निकल आईं आंखों से बनकर पानी

वो रूठना मनाना__ रानी बिटिया बताना

वो पहली तुतलाती स्वर से _मां कहकर बुलाना

प्यारी कली आंचल के तले पली

छुड़ाकर अंगुली _______

साजन संग चली ______

छोड़ कर सबका हाथ

होकर साजन के साथ

बिटिया पराई अपने घर को चली

बचपन की अंगना छोड़

छोड़ यादों की गली

बाबुल की लाडो

साजन संग चली

लाल जोड़े में सजकर _करके सौलह श्रृंगार

होकर पिया जी को तैयार

नाजुक कली फूल बनकर चली

बचपन की अंगना छोड़

छोड़ यादों की गली

बाबुल की लाडो

साजन संग चली

छोड़ सावन का झूला

छोड़ सखियों संग हँसी ठिठोली

बनकर दुल्हन _____

डोली में सवार होकर चली

बचपन की अंगना छोड़

छोड़ यादों की गली

बाबुल की लाडो

साजन संग चली

रीत ही है ऐसी

किसने रीत ये बनाई

क्यो अपनी परछाई

चीज है पराई _____

हर दिल की दुआ है

नई ज़िन्दगी में प्यार ही प्यार मिले

कदम चूमे खुशियां

मिट जाए सारे गीले

गम की नजर ना लगे

चहक हरदम रहे ....

हर दिल ये कहे _हर दिल ये कहे

छुड़ाकर अंगुली

चली रे चली

बाबुल की लाडो

साजन संग चली

****

दूर नहीं आकाश है

उड़ता चल ... बह चल रे परिंदा

जब तक तन में सांस है .....

दूर नहीं आकाश है

दूर नहीं आकाश है

जो नीज पे अथाह विश्वाश है

दूर नहीं आकाश है ..

निर्भीक हो ... निरंतर चलना

अंधियारों में लौ बनकर जलना

पास ही वो मंज़िल है

जिसकी तुम्हें तलाश है.....

दूर नहीं आकाश है

दूर नहीं आकाश है

संघर्ष से मीत बनाएं रखना

हौसलों पे जीत बनाएं रखना

उम्मीद को जो ज़िंदा रखे ...

ऐसा कोई गीत ... लब पे सजाएं रखना...

सब्र ना खोना ...... निराश ना होना

मंज़िल ... बस पास है....

उड़ता चल ... बह चल रे परिंदा

जब तक तन में सांस है .....

दूर नहीं आकाश है

दूर नहीं आकाश है

पथ में बाधाएं लाख आएंगी ...

मजबूरियां भी आंख दिखाएंगी

सबके उद्देश्य .... को प्रास्त कर

अपने उद्देश्य पर चलते जाना

अम्बर से तोड़ शशि – नछत्र

अपने जीवन का तम मिटाना

उड़ता चल ... बह चल रे परिंदा

जब तक तन में सांस है .....

दूर नहीं आकाश है

दूर नहीं आकाश है ....

जो नीज पे अथाह विश्वाश है

दूर नहीं आकाश है जी

पास ही तलाश है .....

दूर नहीं आकाश है ....

हार का कलंक लग ना पाए मेरे शान पर

हार का कलंक लग न पाए मेरे शान पर,

मर के भी जी जाएं, अपने सौर्य के ईमान पर 1

चुनौतियों के अखाड़े में हर जीत की बाज़ी हमारी हो,

मस्तक छूता रहे गगन, कदमों में दुनिया सारी हो 1

हम राम सा मर्यादा पूर्ण, कृष्ण सा पराक्रमी हो

ज़िन्दगी के सुपथ पर, कुशल हों परिश्रमी हो

लक्ष्य भेदने के हुनर का वीर हों, हम ज्ञाता हो

औरों का मसीहा हों, भाग्य का विधाता हो

हर गुणों का श्रृंगार झलके, मेरे स्वभाव के रूप रेखा में,

तेजस्वी शख्सियत वर्णित हो, मेरे इतिहास के लेखा में।

सत्यवान विराजे सदैव,सोहे मुख के जुबान पर

हार का कलंक लग न पाए मेरे शान पर।

सत्यवान विराजे सदैव,सोहे मुख के जुबान पर

हार का कलंक लग न पाए मेरे शान पर।

यही जीवन का सार है

कर्म , समर्पण, निष्ठा , संघर्ष

ये जीवन का सार है___

भाव यही है_ दांव यही है

यही जीवन का आधार है___

कभी चहक की मस्त रवानी _

कभी बेताबी का गम है __

कभी मुस्कुराता दिन रंगीन है

तो कभी तम में आंखे नम है

जीवन एक तलवार है __

वक़्त इसका धार है

कर्म , समर्पण, निष्ठा , संघर्ष

ये जीवन का सार है___

कभी धूप है __कभी छाव है__

कभी सूखा __बरसात है __

हर रूत की सबनम यहां पर

हर रंगत की हालात है__

प्यार _ नफरत _ बदनामी _सोहरत के फूलों से पिरोया _

जीवन एक हार है ___

कर्म , समर्पण, निष्ठा , संघर्ष

ये जीवन का सार है___

वक़्त और सांस कभी ना ठहरे _

ठहरे तो जीवन का अंत _

अंत मंज़िल का _ अंत महफ़िल का

अंत हो जाए कदम का पंथ __

कभी भागदौड़ की सुर्ख कहानी

कभी खुशियों का त्योहार है

कर्म , समर्पण, निष्ठा , संघर्ष

ये जीवन का सार है____

कर्म , समर्पण, निष्ठा , संघर्ष

ये जीवन का सार है____

ज़िन्दगी

आंसू भी दी तुने खुशियाँ भी दी,

महफ़िल भी दी तन्हाइयां भी दी,

ठोकर देकर चलना भी सिखलाया

मुरझाकर खिलना भी सिखलाया

कुछ पाने की ललक देकर

कुछ ख्वाबों का झलक देकर

वक्त के साथ चलना भी सिखलाया

ऐ ज़िन्दगी मेरे ऐ ज़िन्दगी

मुझे अपना हर रंग दिखलाया।

तेरे बगैर अधूरा हूं

अधूरा हूं -अधूरा हूं

तेरे बगैर अधूरा हूं

मैं पूरा हूं -मैं पूरा हूं

मैं तुमसे ही तो पूरा हूं

मेरी ख्यालों की दर्पण में,

बस तेरा ही नज़ारा है

गगन हूं मैं मेरे यारा

तू मेरा सितारा है....

हंसी - आंसू की बरसातो में

अमावस्य - पुनम की रातों में

मैंने बस तुझे ही पुकारा है

मैं दरिया हूं_ मैं सागर हूं

तू मेरा किनारा है......

अधूरा हूं -अधूरा हूं

तेरे बगैर अधूरा हूं

तू संग जो है मेरे प्रिय,

हवाओं में सरारा है_

कुमुदिनी में कांति है

बहारों में बहारा है....

कौन सही - कौन गलत

कुछ तुमने तोड़ा ,

कुछ हमने तोड़ा

यानि हम दोनों ने मिलकर तोड़ा

अपने इस प्रेम की मर्यादाएं

मर्यादाओं को बांधी कुछ कसमें

और कसमों को निभाने वाली कुछ रस्में

अब इश्क़ हमारा रीता-रीता है

सावन में भी पतझड़ का आंसू पिता है

पर ज़िंदा है_ इतना मरकर भी

मेरी सांसों से _मेरी कसमों से

मेरे गीतों से _मेरे नगमो से

याद है _ अरे हां केसे भूल सकती हो?

उस पनघट के किनारे _पीपल के उस छाव में

जहां जवां हुआ था इश्क़ हमारा निष्ठा के चाव में

मेरी हथेली खींच कर तुम , अपनी हथेली का समर्पण दे

अपने पलकों को झुकाकर जरा सा मुस्कुराकर

मुझसे एक कसम ली थी _

की उम्र भर मेरा साथ निभाना ,

कभी नहीं मुझसे दूर जाना

सुख - दुःख के सारे मौसम

हमनवा मेरे साथ बिताना ....

शायद मैंने भी तुमसे यही कसमें ली थी _

हम दोनों ने हामी भरा था .....

चाहे कुछ भी हो जाएं ,

क्यों न ज़िन्दगी मौत हो जाए

तुमको चाहे हैं -तुमको चाहेंगे

फासलों की हर सरहद झुकाएंगे....

मैं तो अटल हूं अपने इस इरादे पर

शायद तुम ही भूल गई ...

कल तक मुझे हम राही कहती थी

अपनी परछाई कहती थी,

मेरे इश्क़ में राधा -मीरा सी ,

मग्न हरदम रहती थी......

पर क्या हुआ ओ मीरा

तेरा वैराग्य कहां ...

मैं तो आकर्षण था

तेरा भाग्य कहां .??.....

ओ राधा री ...

तू पास बहुत _तू दूर बहुत है

मेरे गीतों में तू मशहूर बहुत है

हाय तेरी जुदाई हाय तेरी यादे

दिल करता है बस तेरी ही फरियादें

तू कलयुग की राधा ठहरी

तेरे हज़ार कृष्ण....

पर सुन ले 'ओ राधे'

" तू एक ही मेरी राधा है"...

मैं बाट सकू ना प्यार तुम्हारा

मेरे दिल का तू अधिकारी है

तेरे सजदे में मैंने,

 अपनी सारी सुध बुध हारी है ।

बिखर गया हूं आ संवार दे

झूठा ही सही पर प्यार दे

मेरे आंखो को अपने मुख का दर्शन दे दे

जरा सा दीदार का कंचन दे दे_

अरे हां सुना है _आजकल तुम व्यस्त व्यस्त रहती हो

व्यस्त -व्यस्त क्या व्यस्त? बड़ी मस्त मस्त रहती हो

कल तक तो तुम मेरे लिए जीती थी....

अब किसका ख़्वाब सजाती हो.....???

अब किसके नगमे गाती हो......???

वो चाहत मुझे मिला नहीं

ख्वाहिशों की चमन में बोया,

गुल कोई खिला नही ....

सिद्दत से चाहा जो मेरे मौला,

वो चाहत मुझे मिला नही।

मिला तो बस एहसासें मिली,

वो भी तड़प- इंतजार का ।

पंखुड़ियां चाहा कोमल सिंदूरी ,

पर मिला काँटा मुझे प्यार का.....

हद से बढ़कर – सबसे ज्यादा _

चाहा जिनको -चाह से ज्यादा_

वो चाहत मुझको मिला नही ,

ख्वाहिशों की चमन में बोया

गुल मेरा वो खिला नही ....

किसको बताए दर्द फिजूल ये _

ओरों के नज़र में महज़ है धूल ये_

सबसे छुपाए हम खुद गुनगुनाए हम

सारा गम तड़पकर मिटाए हम

हृदय की नादानी , मेरी प्रेम कहानी,

आंखो में आंसू -ना समझो तो पानी।

मेरा नसीबा कितना बेरंग है_

मैं तो समझता था मेरा ना कोई सानी

गिला है बहुत मगर कोई भी गिला नही_

ख्वाहिशों की चमन में बोया

गुल कोई खिला नही ...

इश्क़ जानलेवा मर्ज़ हो गया

सुर्ख होठो की है

अब यही अर्जियां ...

दिल को जोड़े किसी से ना

ये बावरी अंखियां...

ये लाइलाज जख्म में दर्ज हो गया ..

इश्क़ जानलेवा मर्ज़ हो गया.......

खैर करे वो ख़ुदा

सुन सांसों की इल्तिज़ा...

दे सुकून का पता ...

ओ मेरे रहनुमा .....

हमदर्द सारा ख़ुदगर्ज़ हो गया

इश्क़ जानलेवा मर्ज हो गया.......

चांद पाने की ख्वाहिश में

खुद को खो दिए ....

पर इस डगर के दरिया का अबतक

मिला ना हाशिये......

ख्वाहिशें गिरवी रखनी पड़ी

उम्मीदों से इतना इंतजार का कर्ज हो गया

इश्क़ जानलेवा मर्ज हो गया.......

चांद पाने की ख्वाहिश में

खुद को खो दिए ....

परछाई

किसी ने वास्तव में अगर निभाई है,

तो वो हमारी परछाई है।

सब स्वार्थी हैं सब मतलबी,

पहचानी है मैंने सबकी छवि,

कदम से कदम मिलाकर

हर मुसीबत में साथ चली है परछाई,

माना कभी हाथ न बंटा सका,

पर साथ रहकर हौसला ,जरूर बढ़ाई है परछाई।

जन्म से साथ है सय्या पर भी साथ जलेगा,

इतना वफा आखिर कहाँ मिलेगा?

अभिमानी इन्सान इंसानियत भूला,

रिश्तों को दौलत से तोला,

ये काश! सभी परछाई सा साथ निभाता,

तो इस व्यंग का दिन ना आता....।।

रिश्तों को दौलत से तोला,

ये काश! सभी परछाई सा साथ निभाता,

तो इस व्यंग का दिन ना आता....।।

तस्वीर

तुम्हें याद,

तुम्हारी बात ,

जब किसी से किया करते हैं

तो कहा करते हैं

क्या पल था वो ,

क्या कल था वो ,

जिन्हें तस्वीरों में

आज भी जीया करते हैं ।

हम दूर है ,

मजबूर हैं।

मिलने कि चाहत में ,

हम चुर हैं ।

मगर कहा ये नसीब ...

जो आवो तुम मेरे करीब ....

तेरी डगर पे मेरी नजर है

आठों प्रहर बस तेरी लहर हैं

ये इश्क़ का कैसा सुरूर हैं

तु पास होकर भी क्यों दूर है ?

बातें अधुरी, आ कर ले पुरी

दिल में चाहत की अगन लगी है ।

जब सारा जग सोता है

जब सारा जग सोता है

तब एक निशाचर जागे

जानें किस मंज़िल के पीछे

बेतहाशा भागे.......

खामोशी है तन्हाई है

अंधेरी की बदली छाई है

कुछ भी नजर ना आए

यामिनी जाम छलकाए

चांद से बांधे नयन के धागे

तब एक निशाचर जागे

बेतहाशा भागे .....

पथरीली राहें है

जहरीली फिजाएं है

परवाह नहीं बाधाओं का,

जैसी भी हवाएं है

बढ़ते जाए आगे

बढ़ते जाए आगे

बेतहाशा भागे

बेतहाशा भागे

मुखमंडल पर एक तेज़ है

दिल में निश्चय कर गुजरने का

हौसलों को उत्कर्ष देकर

भूलकर भय -संकोच मरने का

जानें किस मंज़िल के पीछे

बेतहाशा भागे.......

चांद से बांधे नयन के धागे

बेतहाशा भागे.......

यादें

छुपे बसे मेरे दिल में

बीती जिंदगी के कशमकश

कुछ हंसी के दिन, कुछ आँसू के दिन,

बेचैनी और सुकून का रस ।

खो जाता हूँ कभी- कभी

मन बस जाता अतीत में

बचपन के क्षण में हो के मग्न,

दिल झुम उठता है प्रीत में।

जब-जब मेरे बचपन की यादों की कारवां,

गुजरती है मुझसे होकर,

में भी चल पड़ता हूँ हो साथ,

मंत्रमुग्ध हो, खुद को खोकर ।

मंत्रमुग्ध हो, खुद को खोकर ।

संहार

हे! विश्वनाथ, महाकाल,

तांडव कर ला भूचाल,

पापियों से धरा भरा

अत्याचार का घड़ा भरा,

नयन में अंगार भर

दानवो का संहार कर.

डम- डम डमरू का धुन,

कांपे थर- थर ब्रह्मांड सुन,

नेत्र में ज्वाला,मुख पर क्रोध,

सजाकर रूप रौद्र,

टिक न पाए दानव कोई

भ्रष्ट रहे न मानव कोई,

मेरी इस पूकार पर

दानव मति का संहार कर ।

.

वर्षों का याराना टूटा

नफरत की ऐसी आंधी आई

बिछड़ गए भाई- भाई

पल में अपना हुआ पराया

दिल के सारे अरमान खोया

जंजीर शक्त टिक न पाया

नफरत के इस बहार में

वर्षों का याराना टूटा,

छोटी -सी एक वार में।

अटूट यारी थी हमारी

मैं किश्ती गर वो खेवनहार था ,

एक दूजे बिन थे अधुरे

कुछ ऐसा अपना प्यार था ।

सबसे बड़ा अमानत था ,

ईश्वर का इबादत था

उनसे शुरू उनपे खत्म

मेरे दिल का हर चाहत था

यार रुठा ,प्यार टुटा

यारी की किश्ती जा डूबी

अंहकार के मझधार में

वर्षों का याराना टूटा,

छोटी -सी एक वार में

तलाश

मिट के भी मिट ना सकी जो

वो प्यास बाकी है _____

मेरी निगाहों की अभी भी

तलाश बाकी है ____

कोई खुशबू है जिसकी धुन

तन -मन में समाया है

मेरे ख्वाबों की दुनिया से

मेरे मेहबूब आया है.....

ओ दीदार की मदिरा का

कहां वो साकी है ??

मेरी निगाहों की अभी भी

तलाश बाकी है ___

अभी महज़ ढूंढी जमीं,

पूरा आकाश बाकी है

मेरी निगाहों की अभी भी

तलाश बाकी है ____

बैचैनीयों को राहत सिले

किसी मोड़ पे गर वो मिले

मेरा सफर उस मंज़िल तक है

जहां चाहत का नज़राना खिले

मिट के भी मिट ना सकी जो

वो प्यास बाकी है ____

मेरी निगाहों की अभी भी

तलाश बाकी है ___

संभल जाए

प्यार से दो बातें कोई

कर ले इस दिल से

तो ये संभल जाए....

इसके आंखो से

गम का हर आंसू

फिसल जाए .....

कहां जान मांगता है ये _

कहां जहान मांगता है....

हां थोड़ा सा ही तो ये वक़्त का

बस दान मांगता है ...

प्यार के बदले कोई क्यों दिलाशाएं देता है

तोड़ कर दिल की आशा

क्यों आशाएं देता है ....,

मिल जाए प्यार की सांसे

तो ये दिल संभल जाए....

इसके आंखो से

गम का हर आंसू

फिसल जाए ....

संयोग

बीते गम के दिन, मिलन का आया बहार,

दिल वर्षों बाद मुस्कुराया, लोट आया मेरा प्यार ।

इंतजार का इम्तिहान में परिणाम सफल रहा ,

जुदाई के आँसुओं पर, सयोंग का कल रहा ।

खिल उठा मुरझाया पुष्प, बनने को विजयी हार

प्रीत का सावन आया, आया मिलन का बहार

वीरान

अब खाली- खाली सा अनुभव होता,

दिल के अरमानो का पिंजड़

कोई ख्वाब भी नहीं पलता अब,

कोई उमंग भी नहीं जगता अब,

वीरान सा पड़ा है मेरे हृदय का शहर

नज़रें राह देख रही अबतक,

खामोशी यादो में झांक रही अबतक,

मन प्रीत वैरागी कह रही फासलों से,

विरह की घड़ियां और रहती है कब तक ।

खलिश होती विरह की, तड़प हद से गुजरने लगता,

साँसे तेज़ चलने लगती, बेचैनियाँ बढ़ने लगता।

जिनके वास्ते मेरा हृदय पागल है,

हर आशाओं पे उनके निराशाओं का बादल है।

शायद मेरी एक भी इबादत खुदा ने स्वीकार नहीं किया,

या उस फरेब ने मुझसे कभी प्यार ही नहीं किया।

शाम - मेरे सुकून की सुबह

मंद - मंद सुहाना समीर का चलना,

गगन का मनोरम आकर्षण।

चिड़ियों की मीठी चहचहाहट,

हर हृदय का सबसे हसीन क्षण।

वो खेल का पल निराला,

मेरे गीतों के जन्म का बेला।

कड़ी धूप के दर्द का मरहम,

मन के तनाव पर उत्साह का सावन ,

एक हसीन शाम, एक अनुपम शाम

हर दिल के सुकून के नाम।

प्यार

प्यार एक यहसास है

हर दिल का प्यास है

उत्साह का मायारूपी

दिव्य भावो का उन्मुक्त आकाश है।

हर कोई इसमें हद से गुजरना चाहे,

प्यार में जीना चाहे, प्यार में मरना चाहे ।

आत्मा की पुकार है प्यार

हृदय का श्रृंगार है प्यार

मन - तन - नयन का हर्षक

जीवन का आधार है प्यार ।

सबसे प्रिय तप है प्यार

चाहत का बहार है प्यार

सच कहूँ तो दो हृदय को, एक करने वाला

कोई अवतार है प्यार।

तभी देश बदलेगा

अत्याचार के खिलाफ, भ्रष्टाचार के खिलाफ

हर बुराई, हर तरह के शोषण के खिलाफ

आंदोलन की क्रांति एकता के साथ लानी होंगी

आवाज़ पूरे राष्ट्र का एक साथ गूँजनी चाहिए

तभी बदलाव का किरण चमकेगा

तभी देश बदलेगा.................

जागृति कि आग से शहर जलनी चाहिए

जनता के ख़ौफ से, कुर्सियां डोलनी चाहिए

क्रांति कि चिंगारी से हर दिल का बारूद जलनी चाहिए

तभी देश बदलेगा.......

सियासत

कलम धीमी पड़ी हैं , ताकत झलक रहा तलवार में,

रिश्ते भी बिक जाते हैं, सियासत के बाजार में।

ढूंढो तो एक भला मिल रहा, वो भी सौ हज़ार में

गाँधी का सत्य अहिंसा छोड़,आ जुटे हैं सब भ्रष्टाचार में।

हृदय में छल, इंसानियत का मुखोटा पहन

लूट का उदेश्य करके गहन ,

डाकू भी लड़ रहे हैं चुनाव सत्ता के अधिकार में

रिश्ते भी बिक जाते हैं सियासत के बाज़ार में ।

____

यादें फिर गा रही

यादें फ़िर गा रही ज़िन्दगी की गजल

हो रहा बेपरदा फिर बीते कल का वो पल

दर्द तैर रही है आँखो के पानी में,

हो रहा है हरा ज़ख़्म , पीर की कहानी में।

 मेरे अफसानों में छुपे हैं कई अफसाने

सबमे सफर है मेरा सबका सफर है हममें

अंजाम कोई पूरा, कोई अधूरा रह गया

कुछ बिखरे खुशी चुने, कुछ समेटा बिखर गया

बीते कल की सारे लम्हे , आज कोई कल्पना सा लगता है

मेरी ज़िन्दगी में उनका साथ, कोई सपना -सा लगता है

हमारी मुहब्बत रही होंगी शायद सीसे की महल

यादें फिर गा रही ज़िन्दगी की गजल।

हमारी मुहब्बत रही होंगी शायद सीसे की महल

यादें फिर गा रही ज़िन्दगी की गजल।

भ्रष्टाचार से आजादी

मिली आजादी हमें अंग्रेजों से,

भ्रष्टाचार से भी पाना है।

भगत-चंद्रशेखर के सपनों का,

भारत हमें बनाना है।

रिश्वत नाम की चीज न हो,

घोटालों की दहलीज न हो।

हथियार के बल पर काम न हो,

बगल में छुरी मुँह में राम न हो

गरीबी नाम का रोग न रहे,

प्रेम की गंगा बेफिक्र बहे।

अमन रहे चारों ओर,

हिंसा कि आग लग न पाए ।

कोई भी शोषित न हो,

शान से हमारा तिरंगा लहराए ।

हम युवाओ को मिलकर ,

संकल्प यही लेना है ।

मिली आजादी हमें अंग्रेजों से ,

भ्रष्टाचार से भी पाना है ।

मेरी ज़िन्दगी मेरा संसार

थोड़ी आंसू, थोड़ी खुशी

किसी का साथ, किसी का विश्वासघात

कभी प्यार, कभी तक़रार

कुछ पाने को आतुर मन,

कुछ खोने का पागलपन

थोड़ी जीत, थोड़ी हार

हर किस्म के दिवा का समावेश

मेरी जिंदगी, मेरा संसार

———————————————

जीवन संघर्ष

घनी यामिनी कह रही,

कब तक और मेरे संग जगेगा ,

कर्म अब विराम कर

चैन से विश्राम कर

श्रम से तू लथपथ है

संघर्ष के रथ पर है

क्या नींद नहीं है आखों में?

क्या मंजिल का फ़िक्र सता रहा?

क्या भंवर में फंसी है सुखद जीवन की नौका?

या वक्त बगावत जता रहा

हँसी आंसू का बड़ा बेरी सा नाता है ,

जीन्दगी के परदे पर, एक आता तो एक जाता है।

कामयाबी अपने आशिकों से कहता है ,

संघर्ष से ही हर्ष पनपता है

आएगा निश्चित एक न एक दिन

जिन्दगी में ऐसा सवेरा,

मंजिल मिलेगा हर खुशी मिलेगी,

मिट जाएगा कष्ट सारा ।

पलकें बंद कर जल्दी से सो जा

क्या पता कल ही हो स्वप्न का सवेरा ।।

चांद मेरा वो...

प्रीत कली थी जो खिली

मेरे दिल के उद्यान में,

मेरी हसीं ... हां मेरी ख़ुशी

मेरे हर एक अरमान में ...

जानें कैसी__ चली हवाएं

मुरझा गया वो ख़्वाब सलोना

जिसकी आरज़ू__करती थी मेरी रूह

मेरा मकसद था जिसका होना

कश्ती प्रीत की, जाकर के फसी

दिशा _रे _हाय तूफ़ान में

प्रीत कली थी जो खिली

मेरे दिल के उद्यान में___

अब वीराना दिल का शहर सुन्ना

ख्यालों में छाई यादों की रैना

टूटे वादों के लाशों संग ....

सुधियों की होती है पुरजोर जंग

ज़िन्दगी के इस सफर में

बेताब हूं__ अनजान मैं

कर बैठूं ना__ खता कोई

गुमशुदा होकर नादान मैं___

प्रीत कली थी जो खिली

मेरे दिल के उद्यान में

सांसों से जुड़ी थी महक उनकी

उनके चेहरे तक कि _थी सफर दिल की

आती ना नजर अब __ नज़रों की तलब वो

प्यासा पड़ा है कबसे ये

 अपने ख़ुदा के अज़ान में ...

प्रीत कली थी जो खिली

मेरे दिल के उद्यान में.....

सरसों की फूल सी थी __

चंचल थी मन भावन थी __

मुस्कुराहट की.....उपमा थी

वो चलती - फिरती सावन थी

रहती थी धड़कन बन.....

मेरे चहक के प्राण में

प्रीत कली थी जो खिली

मेरे दिल के उद्यान में

चांद मेरा वो __जिनसे रोशन था मैं

जिसका सुगंध बसा था _मेरे कण- कण में

छन भर वो मुझमें उतरकर

प्यार का नूर भरकर

जाने कहां खो गया ....???

ख्वाबों के आसमान में....

प्रीत कली थी जो खिली

मेरे दिल के उद्यान में___

फैशन का जनरेशन

एक यार मेरा पुराना,

मिला एक दिन बाजार में,

फटी सी जीन्स पहना था ,

लेकिन आया था कार में ।

मैंने कहा - यार क्या तेरी है यह कार?

या भाड़े में लाया है ,

या कही से भगाया हैं ।

तो उसने झल्लाते हुए कहा - "क्या कर रहे हो बकवास?

क्या तुम्हें मेरी खुशी नही आई रास?

तो मैंने कहा- "फ़टी जीन्स पहना है तो में क्या समझता ?

कोई गरीब भिखारी नहीं तो क्या अम्बानी कहता ?

फिर से झल्लाते हुए कहा- " फटी नहीं है यह जीन्स

इसे एक्सीडेंटल कहते हैं,

न्यू जनरेशन के युवा ऐसे ही रहते हैं ।

मैं असमंजस में पड़ा, सोच रहा था खड़ा -खड़ा

कपड़े फाड़ कर पहन लो तो फैशन बन जाता है,

हमारे देश में भिखारी तो ठीक ऐसे ही रहता है,

एक सवाल बार-बार, मेरे दिल में आता है,

वह भिखारी एक्सीडेंटल, क्यों नहीं कहलाता है??

या तो बिखरेंगे .. या तो निखरेंगे

उम्मीदों का चिराग जलाकर,

ख़्वाबों का अम्बार सजाकर ।

निकल पड़े हम मंजिल के दिशा,

मंजिल पे ही ठहरेंगे ....

या तो बिखरेंगे..,या तो निखरेंगे ....

मस्तानों सा जुनून है,

दर्दों से सुकून है

परवाह नहीं बाँधाओं का

कहता ये मेरा खुन हैं

हैं ललक हो कदमों पे फलक

कदमों पे गीराएंगे ....

हौंसलों का ज्वार .....

ले रहा उफान

बनकर हम तुफान

विश्वविजय का परचम लहराएंगे ...

स्वर्ग कहां है

सुकर्मों का है जो पथ,

विजयी रहा है जहाँ पर सत्य।

मोह -माया का जहाँ जंजाल नहीं हैं

सखा रूप में जहाँ काल नहीं है

भ्रष्टमतीयों का जहाँ व्यापार नहीं है

जहाँ इर्ष्या नहीं है अंहकार नहीं है

भाग दोड़ की जहाँ ज़िन्दगानी नहीं है

घुट- घुट कर जीने की जहाँ कहानी नहीं है

जहाँ धर्म नहीं है जात नही है

साम्प्रदायिकता की जहाँ बात नहीं है

रक्त से लथ-पथ जहाँ शहर नहीं है

हवाओं में जहाँ ज़हर नहीं है

है इंसान जहाँ फरिश्ता सा ......

रिश्ता है जहा रिश्ता सा ......

दो पल

दो पल कि खुशी है, है दो पल का गम

दो पल हंसी हैं, है दो पल आँखे नम

दो पल में सिमटी सारी जिन्दगानी ,

दो पल की ठहरी तेरी -मेरी कहानी ।

दो पल बेताबी हैं, है दो पल मलंग ,

दो पल में जीवन का है सारी रंग ।

दो पल तड़प हैं, है दो पल उन्माद

कभी तम -अधेरा है ,तो कभी पूनम की चाँद

आ फिर चलें

आ फिर चलें हम

बिछड़े दिनों में

गुज़रे दिनों में

सपने संजोने

नादानी में खोने

आ फिर चलें

उस मौसम मे,

 जहाँ सिर्फ खुशियाँ बरसती थी

गम की परछाई भी

हमे छुने को तरसती थी

बचपन को फिर से

नए अन्दाज़ में जीने ..

आ फिर चलें

उस सुहाने पल में

उस बिते कल में

यारों की टोली संग.

गलियाँ चहकाने ....

आ फिर चलें

उस प्यारे गाँव में

बरगद कि छाँव में

सारी थकान मिटाने में ...

आ फिर चलें ....

कितने दिनों के बाद ये दिन

कितने दिनों के बाद ये दिन

 आया लेकर सौगात ये दिन

कोई कली फुल बनकर आई

कोइ दिल की आँगन चहकाई

कोई होठों पे हंसी सजाई

किसी की बाहें मेरी हार हुई

आया इन्तज़ार का दिन

कितने दिनों के बाद ये दिन

आया लेकर सौगात ये ....

किसी की मिठी प्यारी बोली

आशाओं की खिड़कियाँ खोली ..

किसी के नजरों में खोकर

एक दूजे से आलिंगन होकर ...

प्रेम कि मोती छलकाया ...

खामोशियों को चहकाया ....

कितने दिनों के बाद ये दिन

आया लेकर सौगात ये दिन

आया मुलाकात का दिन

चाहत की बरसात का दिन .....

मृगतृष्णा - एक मोह जाल

मन के मैले लोग यहाँ पर,

तन के उजले भेष में है।

मृगतृष्ना की माया जाल,

फैला पूरे देश में हैं ।

फूलों कि सैज में छुपे हैं काँटे ,

पग-पग पर यहाँ छल हैं।

इतना समझ लें बस "जहाँ कमल खिला हैं "

वास्तव में वहाँ दलदल हैं ।

विश्वास वाले ,विश्वास तोड़ेंगे ,

उम्मीद वाले साथ ।

तय करेगा सबकी नीति

वक्त-वक्त पर हालात ।

अति मिठी बोली जहर घोलेगा ,

जज़्बातो को तौलकर ।

भाई -भाई में फुट करेगा ,

कोई शकुनी मुख खोलकर ।

आग लगे यहाँ पानी में

अफवाहों को सम्मान मिले

झुलसे कोई तेज़ धुप में

और किसी ओर को मधुर शाम मिले

****

दिल्लगी कर बैठे

वो यारगी समझती रही ,

हम दिल्लगी कर बैठे ।

उनकी मुसकुराहट- हया को ,

दिल कि खुशी कर बैठे ।

दुआ , इबादत , मन्नतों में

बस माँगु उन्ही को ,

ये कैसा खता- हसीं कर बैठे!

वो यारगी समझती रही

हम दिल्लगी कर बैठे

है कसम

संघर्ष की कलम से किश्मत लिखने निकले हैं हम,

होश सम्भाले नए जोश में बढाते चलें कदम।

कि दूनियाँ झुकती नही जब तक- न हारने वाले हम ,

है कसम, है कसम ,खुद से ये है कसम ।

हम युवा में इतना सामर्थ्य कि पर्वत पिघला सकते हैं ,

अनहोनीयों को भी होनी करके दिखला सकते हैं ।

न झुकेंगे - न रुकेंगे बढते जाएँगे हम ,

है कसम, है कसम ,खुद से ये है कसम ।

क्या रोकेगी ये तुच्छ बाधाएं

हर यत्नों को हँसते-हँसते सह जाएंगे

काटों की राहों पे चलकर ,

ख्वाबों कि मंजिल पाएंगे ।

आशाओं के किरण का सवेरा लाएंगे हम

है कसम, है कसम ,खुद से ये है कसम

हम सपने हैं किन्ही के, कुछ सपने है हमारे

कुछ कर जाएँ -मुकाम पाएँ

कर करम - कर करम

है कसम, है कसम ,खुद से है ये कसम

अपने ज़िद के आगे सारे मन्नत-चाहत हारा है ,

"विरभोग्या वसुंधरा" ये उदाहरण श्लोक हमारा है ।

हो निडर -कर लक्ष्य पे नजर ,बढ़ते जाएँ हम -तोड़कर सारा भ्रम

है कसम, है कसम ,खुद से ये है कसम

आजादी

पिंजरबंद परिंदाओ की ख्वाहिश,

उड़ सकू उन्मुक्त गगन में।

तोड़ सारी जंजीर गुलामी का,

फिर सकूं खुद के मगन में।

बह चलूं हवाओं के संग,

रंग के मनमौजी का रंग।

कलरव मचाऊ डाली -डाली,

रोज़ मनाऊ होली दीवाली ।

तिनका - तिनका चुनकर ,

ख्वाबों का एक घर बनाऊ।

दिल की सारी हसरतों से,

कोना - कोना घर का सजाऊ।

निकलकर इस बंदगी से,

प्रीत निभाऊ ज़िन्दगी से।

रोज़ देखे ख़्वाब नया ,

बस एक ही फरमाइश है।

आजादी - आजादी ,

आजादी की ख्वाहिश है।

करे बगावत लाख बेचारा

अनशन करे विद्रोह करे

पर कोन सुने करुण पुकार इसका

कोन इसपे अनुग्रह करे ......

घर सजाने लाया है

मन बहलाने लाया है

इनकी दुनिया से इन्हें

अपनी दुनियां चहकाने लाया है...

अपने शौकों को पूरा करने के नशे में

येसे हम घुल गए ,

हम निष्ठुर मानव

मानवता ही भूल गए ......

जब तक सांस_ तब तक आस

जी सकता हूँ कर जमाने से बैर

मगर साँसो के बगैर नही .....

अब तो मेरा खैर नही ....

अब तो मेरा खैर नही

सिथिल पड़ा है चंचल मन

वैराग्य हुआ विचार-मनन

प्राण की अभिलाषा जीवन

देख रही देह त्याग का टशन

आस शेष है मगर साँस नही

वक्त का दौलत मेरे पास नही

तन ये कोमल मुरझाने लगा

दिल में रहा कोई रास नहीं

मोह सारा मिटा पथ से ...

हम छण भर का मेहमान हुए

सारी उम्र मुश्किलों को सुलझाते -सुलझते

देखो हम कितना आसान हुए_

दुश्मन भी हमदर्द लगता है अब

लगता कोई गैर नहीं....

जी सकता हूँ कर जमाने से बैर

मगर साँसो के बगैर नही

अब तो मेरा खैर नही _

अब तो मेरा खैर नही।

तेरे चेहरे से करती छेड़खानियां

एक ना चले मेरी

नज़रों पे जोड़ ,

जो दिख जाओ तुम किसी राह पे__

तेरी तस्सवुर में जग को भुलाए ,

ऐसी खुमार छाए निग़ाह पे ___

माने न मेरी इसकी मनमानियां

नादानियां इसकी निगेहबानीयां

तेरे चेहरे से करती छेड़खानियां_

 तेरे चेहरे से करती छेड़खानियां_

इसका सफर __यारा______

तुझपे ही ठहरता है _

तेरी गलियों से बेवजह

हर रोज़ ये गूजरता है __

तेरे धुन में रहता हर पल _

ओ दिल जानियां

तेरे चेहरे से करती छेड़खानियां_

माने न मेरी इसकी मनमानियां

तेरे चेहरे से करती छेड़खानियां_

जानें कैसी प्रीत का बंधा डोर

दिल खींचा जाए जानम तेरी ओर

सुनता है डूब तुझमें तेरी कहानियां

तेरे चेहरे से करती छेड़खानियां_

तेरे चेहरे से करती छेड़खानियां_

ऐसा असर हुआ पहला दीदार का

अब तक है नशा _उस मौसम के खुमार का

तेरा इंतजार करता है __बेशुमार करता है

प्यार से भी ज्यादा तुमसे प्यार करता है _

थाम ले हाथ मेरा_ कर इसपे मेहरबानियां

तेरे चेहरे से करती छेड़खानियां_

तेरे चेहरे से करती छेड़खानियां_

क्या मिला इस प्रेम के बदले

विकल प्राणों से प्रेम गान

गाया था उस निशा जो देख चांद

पीर अपनी व्यथा अपना

सुनाया था सारा कथा अपना

अम्बर था रोया _वसुंधरा थी रोई

क्रंदन की वृष्टी भिगोइ थी सृष्टि

पाषाण पर्वत भी कोमल हुआ था

हूकों का ज्वार उत्कर्ष छुआ था

कितनी पलके भिंगोयी थी

इस विमर्श में की_____

"क्या मिला इस प्रेम के बदले ??

वेदना मिली _अश्रु मिला _मिला अनंत विषाद

स्मृतियों की निधि मिली _मिला आस विराग_

वेदना मिली _अश्रु मिला _मिला अनंत विषाद

स्मृतियों की निधि मिली _मिला आस विराग_

मुलाक़ात (कहानी)

अचानक फोन रिंग की ध्वनि से कल्पनाओं की दुनिया से आंखें खुली तो घड़ी रात के 11:30 का वक़्त बता रही थी___उन दिनों में अपने आगमिक उपन्यास "ये बेमंजिल रास्ते" पे काम कर रहा था_इस उपन्यास में श्रुति भी मेरी सहायक के रूप में काम कर रही थी __ यह कॉल श्रुति का ही था___श्रुति से मेरी पहली मुलाकात एक समारोह में हुई थी जिसमें वो बतौर संचालक के रूप में सभा संचालन कर रही थी__

इस सभा में देश भर के कई सम्मानिए लेखक , कवि अभिनेता आमंत्रित थे _____

सभा समाप्त होने के पश्चात मैं आयोजकों द्वारा प्रबंध किए गए कमरे में आ गया .... अभी सुबह के 6 बज रहे थे

रतजगा के कारण मुझे काफी नींद आ रही थी ..

और 10am में मेरी फ्लाइट भी थी ....

कहीं मैं सोया ही न रह जाऊं और मेरी फ्लाइट छूट जाए

इसका डर मेरी नींदो से बगावत करके मुझे सोने नहीं दे रहा था

.

... फिर मैंने अपने फोन में 9:10 का अलार्म लगाकर

सोने का निर्णय किया ...... ,

मैं पूरी तरह से निश्चिंत था कि आधे घंटे में मैं एयरपोर्ट पहुंच जाऊंगा ....

इससे पहले भी मैं इंदौर काफी बार भ्रमण कर चुका था ...

लेकिन ये पहली बार था कि मैं अन्य मेहमानों से गप्पे बिना लड़ाए

घर प्रस्थान करने की सोच रहा था.......

असल में मैं पूरी तरह से ऊर्जाहीन हो चुका था मुझे आराम की आवश्यकता थी ......

रात में अपनी बातों पे लोगों का बेशुमार प्यार पाकर खुद को

वैभवपूर्ण महसूस कर रहा था.....,

तभी अचानक डोर बेल रिंग हुई ....

मैंने दरवाज़ा खोल दिया ....

बाहर एक खूबसूरत लड़की खड़ी थी __

ये वही लड़की थी जो कल संचालक के रूप में सभा संचालन कर रही थी

उसने मुस्कुराते हुए मुझसे गुड मॉर्निंग का अभिवादन की

मैंने मॉर्निंग बोलते हुए उनका अपने कमरे में स्वागत किया _

तथा बैठने का आग्रह किया __

वो सोफे पर बैठते हुए बोली " सर मैं श्रुति हूं ...

आपसे मिलने की बड़ी इच्छा थी .. और कल उतने भीड़ में

मैंने आपपे विशेष रूप से ध्यान भी नहीं दे पाया.".

"कोई बात नहीं श्रुति" अपनी नींदों को छुपाते हुए मैंने कहा

सर मैं आपके विचारों से काफी प्रभावित हूं....

और आपसे ही प्रेरित होकर मैंने अपनी पहली किताब

बेजुबान प्रेम लिखा .....

मैंने आपकी सारी किताबे पढ़ी है .....

संदेह से लेकर कलंक तक .....

बिना रुके श्रृति लगातार बोली जा रही थी ..

सर आपकी कृतियों में वास्तविकता का तेज़ धार देखने को मिलता है ....

. आप राजनीति पर भी काफी गहरा चोट करते है..

यक़ीनन आपके उपन्यासों को पढ़ने के बाद हृदय में

 बगावत की लहर दौड़ने लगती है ......

अपनी प्रसंशा को नज़रंदाज़ करते हुए मैं ये सोच रहा था कि क्या??

ये वही लड़की है जो कल रात भर लगातार

बिना थकान दिखाएं बोली है ..... और वो भी इतने बड़े

बड़े वक्ताओं के बीच बेहिचक ....

और अभी भी इसके चेहरे पर जरा सी भी थकान कि

बूंद नहीं दिख रही है ....

फिर श्रृति बोली सर मेरे ख्याल से अभी आपकी उम्र 25- 26 से ज्यादा नहीं होगी ....

क्या मैं सही हूं ???

हां इस 11jan को मैं पूरे 26 वर्ष का हो जाऊंगा ...

तुम ????मैंने कहा

श्रुति हंसते हुए _ मैं भी 7 Feb को पूरे 24 वर्ष की हो जाऊंगी .....

क्या मैंने इस धरती पर पूरे 24 साल गुजार लिया ......

श्रुति बोली जा रही थी ......

श्रुति की बाते सुनकर ऐसा लग ही नहीं रहा था की ये हमारी पहली मुलाकात है......

अभी तक तो मैं ये समझ चुका था कि ये लड़की वाचाल ज़ुबान की है ....

और स्वच्छ हृदय का भी....

फ़िर श्रुति बोली सर आपकी वाइफ का नाम कृषा है ना..

मैंने हंसते हुए श्रुति के इस बात का खंडन करते हुए बोला

क्या ???? ये आपसे किसने कहा ...

श्रुति __ ''गूगल पे पढ़ी थी''

मैंने अपने पलकों को मिचते हुए कहा .....

"मैं अविवाहित हूं"

पहली बार मैं भी गूगल पे ये देखकर चोक गया था....

" अरे मैंने विवाह कब कर लिया ??"

और तो और मेरे कई अज़ीज़ मित्र मुझे ये कहते हुए खींचाव

करते हैं कि मैंने उन्हें अपने विवाह में आमंत्रित क्यो नहीं किया

......

मेरी नींद भी चरम पर थी _मैं फिलहाल तो ये सोच रहा था

जल्दी से ये लड़की विदा हो ... और मैं कुछ नींदो को आंखों

में समेट सकूँ .....

और श्रुति थी कि जाने का नाम ही नहीं ले रही थी

बार -बार बोल रही थी

"आपकी फ्लाइट 10 बजे हैं ना ...

अभी तो 10 बजने में पूरे ढाई घंटे बाकी है "....

फिर मैंने श्रुति से पूछा __" तुम्हें नींद नहीं आ रही"

श्रुति – " हां आ रही थी" ____

मैंने नींद को चेतावनी देते हुए कहा _

खबरदार जो मुझे दीपक सर से मिलने के रास्ते में

बाधक बनी ..... नींद डर गई

.. उड़नछू

श्रुति के इस बात पे मैं हँसने लगा ..

श्रुति भी मेरी हँसी को अपनी हस्ताछर दी ....

मैं तो अभी तक ये समझ गया था कि ये मुझे बिना

भेजे नहीं जाने वाली है ......

और मुझसे ये भी नहीं पूछ रही थी कि

आपको थकान महसूस हो रही है कि नहीं ...

अचानक श्रुति बोली सर आपका कॉन्टैक्ट नंबर मिलेगा

जब इतनी खूबसूरत लड़की ख़ुद आपका कॉन्टैक्ट

नम्बर मांग रही हो तो भला कोन मना कर सकता है...

२.श्रुति को अलविदा बोलकर मैं एयरपोर्ट की ओर निकला

_ अब तक धूप भी अपना साम्राज्य पर फैला चुका था __

एयरपोर्ट पे मेरी मुलाकात फ़िल्म निर्देशक विजय पटेल से हो

गई जो किसी सिलसिले से मेरा ही शहर आ रहा था,.

. विजय से मेरी काफी घनिष्ठता है __

इनके पहली फिल्म के सारे बोल मैंने ही लिखे थे ...

विजय किसी फ़िल्म प्रोजेक्ट पे मुझसे विचार-विनिमय

करने के लिए काफी उत्सुक था ......

हमनें फ्लाइट में एयरहोस्टेस कि मदद से साथ में सीट

अरेंज्ड की....,

विजय बता रहा था कि मैं एक पॉलिटिकल थ्रिलर फिल्म करने

जा रहा हूं .

.. यह एक बड़ी बजट वाली फिल्म है..

यक़ीनन यह फिल्म_ फिल्म उद्योग में एक नई क्रांति का

आगाज करेगी ....,

मैं काफ़ी गौर से विजय की बातों को सुनता जा रहा था..

ताकि विजय को ऐसा महसूस ना हो कि मैं उनके बातों को

अनसुना कर रहा हूं या उनके इस फ़िल्म प्रोजेक्ट पे

दिलचस्पी नहीं दिखा रहा हूं ....

विजय बता रहा था कि इस फिल्म की अभिनेत्री के लिए

उन्होंने नीति सुमन को चुना है .....

मेरे द्वारा नायक ?? प्रश्न का जवाब देते हुए उसने कहा कि

अभी इस विषय पर कुछ कह नहीं सकते ....

2 चार अभिनेताओं से बातें चल रही है ......

फिर उसने बताया की वो मेरी उपन्यास " केसा ये इश्क़" को पर्दे

पर लाने के लिए इच्छुक है....,

मैंने इस बात पे ख़ुशी जताई ....

इस वक़्त मेरा यह हाल था कि मैं अगर एक मिनट के लिए

भी पलके बंद करता हूं तो मैं गहरी नींदों की वादियों में खो

जाऊंगा ......,

पूरा सफर हमने कई अलग- अलग विषय पे बातें की ....

अंततः मेरा यह सफर समाप्त हुआ और मैं अपने निजी

घर पहुंच आया ......

मैं अब बिस्तर पर खुद को भूल जाना चाहता था ....

बेसुधी मुझे घेर कर अपनी आगोश में ले लेना चाहती थी ..

मैं अपने सर पे पीड़ा महसूस कर रहा था ...

सारा सितम इस रतजग्गे का ही था ......

मैंने खुद को बिस्तर के हवाले करते हुए नींदों के कदमों पे

अपना हथियार डाल दिया ...., मुझे नींदो की गुलामी चाहिए थी
—

—

जब आंखें खुली तो चारों ओर अंधेरा ही अंधेरा था ...

मुझे यह समझने में देर न लगी कि अभी रात का प्रहर है ..

मैंने अपने हाथों को अंधेरों में टटोलते हुए कमरे की बत्तियां
जला दी ..

पूरा कमरा प्रकाश से खिल उठा ..... मैं अब अपना फोन ढूंढ़ रहा
था ...

फोन पास सोफे पर पड़ी हुई थी ....

24 मिस्ड कॉल देखकर मैं हैरान था ....

किसी ने मुझे अपरिचित नंबर से इतने सारे कॉल किए थे

फिलहाल तो मैं ये जान लेना चाहता था कि कॉल किसने किए हैं ...

.. मैंने कॉल बैक किया तो एक मधुर आवाज़

ने इवनिंग का अभिवादन किया ....

जी आप कोन????

"सर पहचाने नहीं "

"मैं श्रुति "

"ओ "

"सोरी मैंने तुम्हारा कॉल नहीं

देखा था .... चुकी फोन साइलेंट पे था.."

श्रुति __"कोई बात नहीं सर .. मैं तो बस यह जानना

चाहती थी कि आप घर पहुंचे या नहीं ....

"हां मैं सही वक़्त पे घर पहुंच गया था" मैंने श्रुति को उत्तर करते हुए कहा ....

ऐसे ही हमारी नजदीकियां बढ़ती गई और हम एकदूसरे के काफी करीब आ गए......

हमने साथ में एक उपन्यास में भी कार्य किया......

श्रुति आजकल अपनी वैवाहिक जीवन में एक

आदर्श पत्नी की भूमिका बखूबी से अदा कर रही है ____

हम आज भी एक अच्छे दोस्त हैं.........

दीप्ति- श्लोक(कहानी)

हर दिन की तरह आज भी श्लोक सबसे नज़रें बचाकर दीप्ति को गुलाब देकर मुस्कुराते हुए आगे बढ़ गया ..... दीप्ति को गुलाब देकर बिना संवाद किए श्लोक का चले जाना महज ये कुछ महीनों की बात नहीं थी ये विगत 5 वर्षों से चले आ रहा था___

हर रोज़ श्लोक गुलाब किस बाग से लाता था ईश्वर जाने_

गुलाब देने का सिलसिला ये थोड़ा अजीब नहीं लगता है।

मुझे तो बड़ा अजीब लगा और जब इस कहानी को रोशन मुझे सुना रहा था , तब मैंने भी हंसते हुए इस गुलाब देने और लेने के बात पे कटाक्ष करते हुए कहा था " ये क्या चुतियापा है भाई ऐसा कोन करता है ?

"ऐसा श्लोक करता था" __ मेरे सवाल का उत्तर करते हुए बड़े ही कोमल स्वर में मुझसे रोशन ने कहा था।

खैर छोड़िए_ श्लोक के इस कहानी के इस हिस्से का भी कद्र करते हुए आगे बढ़ते हैं__

मुझे ये समझ में नहीं आता है जब दीप्ति बेझिझक श्लोक का गुलाब स्वीकार कर लेती थी _

फिर भी श्लोक दीप्ति से बातें क्यों नहीं करता था__

हां दीप्ति को भी श्लोक से बातें करनी थी___

क्या हमें श्लोक को कायर आशिक़ कहना सही रहेगा _

अगर श्लोक कायर आशिक़ था फिर दीप्ति से हर रोज़ गुलाब देकर मुक संकेत में ही सही पर अपने प्यार का इजहार क्यों करता था___

दोनों एक ही स्कूल में थे_ वो भी एक ही क्लास में __

श्लोक ने कभी दीप्ति के सिवाय किसी और लड़की को एक नज़र नहीं देखा__

अगर हम श्लोक के स्वभाव की बात करें तो___

श्लोक मितभाषी किस्म का लड़का था_

ना किसी से ज्यादा यारी ना किसी से दुश्मनी ....

हर वक़्त अपने धुन में मग्न रहता____

एक रोहित ही था जिसे श्लोक अपनी परछाई की तरह मानता
.....

रोहित भी श्लोक का बहुत ख्याल रखता था__

इनकी यारी खुद में मिसाल थी__

अक्सर हम देखते है की कुशाग्र बुद्धि वाला छात्र

वाचाल जुबान का होता है.... हमेशा बक-बक ..

किन्तु श्लोक अती कुशाग्र बुद्धि का स्वामी होने के बावजूद
भी बड़े सादगी में रहता___सारे शिक्षक भी उससे बहुत प्यार
करते थे____

और रही बात दीप्ति की तो

दीप्ति भी बड़ी प्यारी लड़की थी_

सौंदर्य से परिपूर्ण होने के बावजूद भी कभी दीप्ति ने अपने
हुस्न का दिखावा नहीं किया.....

क्लास में कोन लड़का नहीं था _जो दीप्ति पे फ़िदा नहीं था_

किन्तु दीप्ति की निगाहें हर वक़्त श्लोक को ही ढूंढ़ता रहता_

ओ हय में उस पल को इस कहानी में जरुर कैद करना चाहूंगा जब __

संयोगवश दोनों की नजरें मिलती थी__

पल तो मानो ठहर ही जाता था___

अगर हम येसा बोलें कि _

इस मनोरम नजारे को पूरी कायनात बड़े उत्सुकता से देखता था तो शायद गलत नहीं होगा_

अचानक नज़रों का हटना और किताब पे सर करके मुस्कुराना.....

इनका प्रेम सच्चा होने के साथ साथ पूरी तरह से निश्चल एवं निस्वार्थ था___

हैरानी तो इस बात की है____

कभी इन दोनों ने इस सिलसिले को किसी दोस्त के साथ साझा नहीं किया___

जबकि ज्यादतर प्रेमी ऐसा ही करते हैं____

कोई पसंद आया नहीं की____

पूरे मित्र मंडली में हल्ला .....

दीप्ति - श्लोक के गुमनाम प्रेम को वैसे तो पूरे स्कूल जानता था किन्तु कोई खुलेआम इस विषय पे बात नहीं करता__

उस दिन सरस्वती पूजा था_ पूरे स्कूल में जश्न की लहर थी_

हर छात्र/छात्रा रंग बिरंगा पोशाक पहने बड़ा खिल रहा था___

खुशियां बरस रही थी ___और हर दिल भींग रहा था_

भक्ति के रंग के साथ साथ__मुहब्बत के रंग में भी पूरे स्कूल रंग गया था___

लेकिन दीप्ति आज बहुत उदास थी ___

हद से ज्यादा ___उसकी निगाहें बार- बार_

स्कूल के मुख्य द्वार की ओर झाँक रही थी____

सहेलियों के समक्ष झूठा मुस्कुरा तो लेती थी किन्तु

उदासी कहां छुपने वाला है ___वो अपना नशा दिखला ही देती है____

म्यूजिक के बिट से ज्यादा तेज तो दीप्ति की धड़कने धड़क रही थी_____

आज दीप्ति पूरे निर्णय के साथ शर्म हया झिझक घर पर ही
छोड़ आई थी कि __

श्लोक से बात करना है तो करना है___

पर हाय रे भाग्य........

बादल छाया पर बारिश ही नहीं हुई __

बादल छाया है तो यकीनन बारिश होगी चाहे कितना

विलंब से ही सही क्यों ना हो.....

२.

हां ये नज़ारा देखकर दीप्ति चहक उठी

दीप्ति को कभी इतना खुश नहीं देखा गया था__

वो दिल से मुस्कुरा रही थी ____

दिल से हम पूरे जीवन भर में बहुत कम बार ही मुस्कुरा पाते हैं
वो भी नसीब हो तो__

श्लोक _रोहित के साथ प्रवेश किया ......

पीले रंग की कमीज़ श्लोक पे बड़ा जँच रहा था__

वैसे भी श्लोक का चाल किसी फिल्मी नायक से कम नहीं था

अपनी कलाई पर गेरुआ रंग के बंधे धागे को दूसरे हाथ की

अंगुलियों से उलझकर रोहित के कदम से कदम मिलाकर

बड़े शान से चले आ रहा था___

आज तो श्लोक के चेहरे की कांति को देखकर ऐसा प्रतीत हो

रहा था मानो __श्लोक आज किसी कसम को तोड़ आया है....

कुछ इरादा करके आया है_____

मतलब आज किसी योद्धा के भाती रण में आया है___

"श्लोक भैया को कहना कि दीप्ति दीदी आपको क्लास रूम _

7 में बुला रही है___"

दीप्ति ने एक छोटी बच्ची को ये कहते हुए पास गार्डेन के

पास खड़े श्लोक के पास भेजा_

श्लोक ये सूचना सुनकर बिना कुछ सोचे -समझे

बड़े निर्भय के साथ क्लास रूम 7_में पहुंच गया_

दीप्ति खिड़की की ओर मुंह किए श्लोक का इंतजार कर रही थी

___

पहले 10 मिनट तक तो दोनों में से किसी ने भी अपनी ज़ुबान नहीं खोली ___ये नज़ारा पूरी तरह से ख़ामोश था_

फिर अचानक दीप्ति ने खामोशियां तोड़ी __

दीप्ति__ "सुबह स्कूल क्यो नहीं आए थे _??

श्लोक ___"वो क्या है कि मेरे घर में भी प्रतिमा लगाया गया है"

दीप्ति_ "ओ"_

दीप्ति _ " तुम मुझसे कभी बात क्यों नहीं करते _"

श्लोक शरमाते हुए_ वैसे ही_

दीप्ति _ क्या वैसे ही_

इनका नोक -झोंक _प्यार _मुहब्बत से भरा सवांद करीब 20मिनट तक चलता है_

अंततः दीप्ति मुस्कुराती हुई बोलती है _

अच्छा तुम अपने घर की पूजा में मुझे आमंत्रित नहीं करोगे _

श्लोक " हां क्यों नहीं शाम में मेरे साथ चलना _

दीप्ति _ "ठीक है"_

आज बसंत पंचमी के दिन में _इन दोनों की जिंदगियां भी रंगीन हो गई थी_

पूरे ५ साल खामोश रहने के बाद ये बेजुबान इश्क़ अपना लब खोल दिया था_

आज तो महज उत्सव का ही दिन नहीं महाउत्सव का दिन था___

शाम का वक्त है__

करीब ४ बजा होगा___

दीप्ति और श्लोक घर की ओर निकल पड़ा _

स्कूल से श्लोक का घर ज्यादा दूरी पर नहीं था _

करीब ५km का फासला होगा_

और दीप्ति का भी शायद इतना ही _.

फर्क पूरब_ पश्चिम_

इसलिए ज्यादातर नजदीकी बच्चे साइकिल से कम और पैदल आना ज्यादा पसंद करते थे_

और वैसे भी पैदल चलने का अलग ही मज़ा है_

चलते कदम इन दोनों में काफ़ी बाते हुई _

अब ये गुमनाम प्रेमी नहीं थे _

और अभी तक एक दूसरे से पूरी तरह से घुल चुके थे_

पता नहीं आज शर्म हया__किस काम पे गया हुआ था

भगवन् जाने____...

घर पहुंचने के बाद श्लोक ने अपने परिवार से दीप्ति की परिचय कराया ___

मां शारदे का आशीर्वाद लेने के पश्चात दोनों घर के छत पे आ गए _

अंगुलियों से गार्डेन कि और इशारा करते हुए दीप्ति पूछी "क्या ये वही बाग है _जिससे तुम हर रोज़ गुलाब तोड़कर

मुझे लाकर देते हो_"

श्लोक _ " हां"

दीप्ति __" ओह! कितना सारा और कितना प्यारा- प्यारा फूल है _

 मैं इन फूलों को पास जाकर देखना चाहती हूं_"

श्लोक दीप्ति को अपने बाग में ले आया _

दीप्ति तो करीब से ये नज़ारा देखकर पागल ही हो गई

फूलों से खेलने लगती है __ फूलों से बातें करने लगती है_

असल में ये बाग ही इनके प्रेम का जहां था_

श्लोक ने हर गुलाब के पोधे को दीप्ति का प्यार समझ कर बोया था_और अपने चाहत से सींचा था ...

हर रोज़ जब भी फुर्सत मिले __

श्लोक अपना समय इसी बाग में बिताता ___

अक्सर शाम के वक़्त में श्लोक इन फूलों के संग बैठकर कविताएं किया करता_____

....

श्लोक के साथ कुछ वक़्त बिताने के बाद दीप्ति ख़ुशी- ख़ुशी अपने घर लौट आई______

इतिहास गवाह है कि खामोशी जब अपनी जुबान खोलती है तो ज़िन्दगी में बहार आ जाता है_____

ये उन्माद भरा पल दीप्ति_ श्लोक_को पूरे ४ वर्ष की कड़ी तपस्या के बाद मिला था___

आसानी से जो बयां हो जाए उसे मुहब्बत नहीं आकर्षण कहते हैं ___

अक्सर लोग आकर्षण और प्रेम का भेद नहीं जान पातें हैं_

और अपने आकर्षण को ही प्रेम समझ बैठते हैं___

ठोकर आकर्षण में मिलता है प्रेम में नहीं ___

प्रेम तो दो अंतर्मन का मिलन है ___

और आकर्षण दो सूरत का मिलन ___

आकर्षण वाला प्रेम सूरत के साथ – साथ ढल जाता है_ ___

किन्तु वास्तविक प्रेम आत्मा की तरह अजर -अमर रहता है________

३.

अब श्लोक – दीप्ति के बेनाम प्यार को नाम मिल चुका था

अब इस प्यार में खामोशियां नहीं थी_घबराहट नहीं था, रहस्य नहीं था_

इनके बोर्ड परीक्षा में अब केवल 3 महीने ही शेष रह गए थे इस कारण इश्क़ की खुमारी दीप्ति- श्लोक के सिर चढ़ उतना नहीं बोल रहा था जितना की इस ज़ुबान खुले प्रेम से उम्मीद थी.......

ब्रेक की घंटी सुनकर सारे विद्यार्थी शोर करते हुए क्लास से बाहर निकल गए लेकिन आदतानुसार श्लोक और दीप्ति

क्लास में ही बैठा रहा...

"तब एग्जाम की तैयारी कैसी चली रही है" ..दीप्ति ने इस सवाल के साथ बातचीत का सिलसिला आरंभ किया

श्लोक " हां ठीक- ठाक ही"

दीप्ति _ "ठीक ठाक का क्या मतलब तुम तो क्लास के टॉपर हो.."..बोलो "शानदार"

श्लोक__ " कोई शानदार नहीं औसत ही है"_

दीप्ति फिर श्लोक का चुटकी लेते हुए बोली

हां- हां कोई महान आदमी कभी अपनी महानता बतलाता है

श्लोक हंसते हुए "हम कोई महान आदमी नहीं है "

वैसे तुम्हारा कैसा चल रहा है ..?????

दीप्ति रोनी सूरत बनाते हुए "एकदम बेकार

.. कुछ तैयारी नहीं हुआ है ...

श्लोक _ " चल झूठी"

दीप्ति _ "सच्ची में" सिलेबस अच्छे से कवर नहीं कर पाई हूं_

श्लोक _ " कोन – कोन सा विषय तुम्हें सबसे ज्यादा परेशान करता है

दीप्ति _ " मैथ " और फिजिक्स , इन्हीं दोनों का डर है

श्लोक _ और कोन- कोन सा सब्जेक्ट में तुम्हारा आत्मविश्वास आसमान पे है

दीप्ति _ " केमिस्ट्री , बायो और इंग्लिश " ये मेरा फेवरेट है...

श्लोक _ "केमिस्ट्री मेरा थोड़ा कमजोर है .... वैसे तुम मुझे हर रोज़ कुछ देर केमिस्ट्री समझा दोगी ....

दीप्ति मजाकिया लहजे में अपने चेहरे को संजीद करते हुए _ "बदले में मुझे क्या मिलेगा".....????

श्लोक _ "इसके बदले में तुम्हें मैथ और फिजिक्स पढ़ा दिया करूंगा" ......

दीप्ति _ ” डन”

श्लोक _ स्कूल में छुट्टी होने के बाद मेरे साथ न

नगर पुस्तकालय चलना .....

हर रोज़ हम वही कुछ देर कोमबाइंड स्टडी किया करेंगे ....

दीप्ति _ " ठीक है"

कोमबाइंड स्टडी की गाड़ी चल पड़ी__

इस दरमियान कुछ पढ़ना- पढ़ाना होता, कुछ

खट्टी मीठी प्यारी- प्यारी बातें होती, कुछ रूठना- मनाना होता,

प्यार में हमें अपनी प्रेमिका के अलावा कुछ नज़र ही नहीं आता है......

अपनी प्रेमिका की बचपना से भरी नादानियां हमें

भाने लगती है , उनकी शोखियां – नखरे बड़े दिलकश लगने लगते हैं _

हम उनके इन अदाओं पे जान निसार करने लगते हैं

कोमबाइंड स्टडी इन दोनों के प्रेम को और भी निखार दिया था_

बेवजह बातों ही बातों में दीप्ति रूठ जाया करती..

फिर श्लोक उसे मनाने के लिए धरती- आसमान एक कर देता.....

एक शाम अचानक आसमान में बादल छाया और मूसलाधार बारिश शुरू हो गई ,

आज लाइब्रेरी में श्लोक और लाइब्रेरियन के अलावा तीसरा कोई नहीं था .... दीप्ति 3 दिन से ना तो स्कूल आई थी ना लाइब्रेरी आ रही थी , श्लोक को लगता स्कूल नहीं आई है

लाइब्रेरी जरूर आएगी.... लाइब्रेरी नहीं आई_ कल स्कूल जरूर आएगी .. इस इंतजार में आज तीसरा दिन बीतने को आया था......

श्लोक बार – बार खिड़की से बाहर झांककर बारिश थमने का इंतजार कर रहा था और बारिश थी कि आधे घंटे से एक ही वेग में बरसती जा रही थी....

दीप्ति के आने की उम्मीद का भी शाम ढलने को आया था..

५५ वर्षीय पुस्तकालयाध्यक्ष (लाइब्रेरियन) आदित्य शर्मा पहले आर्मी में थे सेवा निर्वित के

पश्चात लाइब्रेरियन के रूप में इस लाइब्रेरी में ख़ुद को स्थापित कर लिए थे...

श्लोक गमगीन चेहरा बनाए कोई किताब पढ़ने की कोशिश कर रहा था लेकीन रास ही नहीं आ रहा .था... ख्यालों में बस दीप्ति ही छाई हुई थी .....

इधर लाइब्रेरियन आदित्य शर्मा कुछ बिखरे किताबों को

श्रेणी के हिसाब से करीने से रख रहे थे ...

उदास बैठे श्लोक को देखकर आवाज़ लगाते हुए बोले

श्लोक तुमने " गुनाहों का देवता" उपन्यास पढ़ा है ...

श्लोक ने बैठे -बैठे ही जवाब दिया ...

"नहीं सर"....

आदित्य शर्मा अपने हाथ में एक किताब लिए श्लोक के

पास आकर बैठ गए...और अपने साथ लाए किताब को

श्लोक के सामने रखते हुए बोले " यही वो किताब है

"गुनाहों का देवता"

प्रेम का इसमें बड़ा दुखांत चित्रण है _

अरे! इतना उदास क्यों बैठे हो?

श्लोक _ " वैसे ही सर बारिश रुक नहीं रही है और जल्दी घर जाना है "_

" तुम्हारी आंखों से लगता है किसी का इंतजार कर रहे हो "

श्लोक _ "नहीं सर अब इंतजार का वक़्त बीत गया दीप्ति आज भी नहीं आई..".

"तो इसमें उदास होने की क्या बात है हो सकता है दीप्ति किसी काम में उलझ गई होगी इसलिए आज नहीं आ पाई" लाइब्रेरियन ने सांत्वना देते हुए कहा।

श्लोक _" नहीं सर आज पूरे तीसरा दिन गुजरने वाला है दीप्ति को बिना देखे ... स्कूल भी नहीं आ रही है ना लाइब्रेरी

उसके बिना दिल जरा सा भी कहीं नहीं लग रहा..

पता नहीं कैसी होगी वो????

लाइब्रेरियन _ "फिक्र मत करो , मुझे पूरा उम्मीद है दीप्ति को भी तुम्हारे बिना दिल नहीं लगता होगा ..कल जरूर तुम दोनों की मुलाकात होगी...

श्लोक का दिल बहलाने के लिए आदित्य शर्मा जी ने अपनी प्रेम कहानी छेड़ते हुए कहना आरंभ किया मेरी रुक्मणि अब इस दुनिया में नहीं रही _ काश वो आज मेरे साथ होती ..?

आदित्य शर्मा को बीच में ही श्लोक ने टोकते हुए पूछा

"सर ये रुक्मणि कोन आपकी पत्नी ??_

"हां मेरी पत्नी – प्रेमिका- मेरी जिंदगी – मेरी खुशी

मेरा सबकुछ .....

रुक्मणि को मुझसे नियती ने वक़्त से पहले ही छीन लिया ..

श्लोक ने इनकी पूरी प्रेम कहानी सुनने की इच्छा जताई ...

बाहर बारिश भी वक़्त के साथ धीमी होने के बजाए तेज़ होती जा रही थी....

इसलिए इस वक़्त को काटने के लिए शर्मा जी ने

अपनी कहानी कहनी आरंभ की _

फौज में भर्ती होने वाला मैं अपने गांव का सबसे कम उम्र का युवक था ,

मुझे ये नौकरी किसी की सिफारिश से नहीं मिली थी

ये नौकरी मेरी काबिलियत और देश के प्रति मेरी निष्ठा भाव से मिली थी

मेरी उम्र उस वक़्त बीस वर्ष रही होंगी जब मैं रुक्मणि से पहली बार मिला था,

मैं वार्षिक छुट्टी पे घर आया हुआ था

रुक्मणि को देखते ही मुझे उससे प्यार हो गया...

जिसको तुमलोग आजकल कहते हो ना "love at first sight"

वही वाला प्यार .....

रुक्मणि थी ही इतनी आकर्षक और खूबसूरत

उसकी प्यारी – प्यारी दो झील सी आंखों से किसका मन नहीं भटकता था?????

घरवालों की ओर से भी मुझपे शादी को पूरा दवाब था

सबकी मर्जी थी कि इस अवकाश के दौरान ही मेरी शादी कर दी जाए...

रिश्ते भी हर रोज आ रहे थे ...... लेकिन अभी तक मैंने किसी रिश्ते पे स्वीकृति नहीं जताई थी_

शहर के शिव मंदिर के दाएं और पीपल के नीचे एक चबूतरा बना हुआ था

जहां पे अक्सर हम दोस्तों की महफ़िल जमती .....

एक रोज ऐसे ही दोस्तों के साथ बैठा था, देश दुनियां की वर्तमान हालातों पे चर्चा हो रही थी_

तभी हाथ में पूजा की थाली लिए मंदिर की ओर जाती

एक अनुपम सौंदर्य की नवयुवती को देखा ....

उसकी सुन्दरता का तेज इतना वर्चस्वशाली था कि मैं

उसपे मंत्रमुग्ध हुए बिना रह ही नहीं पाया...

वह अलौकिक लग रही थी , ऐसी लड़कियों का जिक्र अभी तक

अपनी दादी से परियों की कहानीयों में ही सुना था .....

अब क्या था??? दुल्हन मिल गई थी , बस इसे दुल्हन बनाना बाकी था_

ये हर रोज़ ऐसे ही कुछ सहेलियों के साथ मंदिर आती मैं ऐसे ही रोज़ अपने

दोस्तों के महफ़िल से ही इसका दीदार करता .....

कभी – कभी संयोगवश हमारी नज़रें मिल जाती और हम दोनों एक टक एक

दूसरे को एक छण तक देखते रहते .....

ये सिलसिला काफ़ी दिनों तक चलता रहा फिर ...

एक रोज मैं ही आगे आया_ उनका रास्ता रोक रात भर उसकी

यादों में जगकर लिखा प्रेम पत्र उन्हें पकड़ा दिया..

रुक्मणि बिना इंकार किए मेरे पत्र को स्वीकार कर ली _

अब इंतजार था मुझे उसके जवाब का _

प्रेमपत्र कुछ यूं लिखा था_

अजनबी _ तुम कोन हो ???मैं नहीं जानता

मैं तो बस तुम्हारे परिचय में इतना जानता हूं

कि कोई एक अम्बर से आई अप्सरा है जिसके सौंदर्य

ने मुझे अपने वश में कर लिया है_

जब से तुम्हे देखा हूं तब से बस जेहन में तुम्हारा ही धुन है

हर वक़्त हर लम्हा बस तुम्हें ही सोचा करता हूं ...

मैं हृदय से तुम्हें अपनी प्रिया स्वीकार कर चुका हूं _

अपने परिचय में मैं इतना ही कहूंगा .....

तुम्हारे रूप सौंदर्य के आभा पे निसार हुआ एक सिपाही ....

मैं कल शाम शहर के मंदिर के पिछे वाली तालाब के

पास तुम्हारा इंतजार करूंगा ... मुझे तुम्हारा और तुम्हारा

जवाब का बेसब्री से इंतजार रहेगा ....

तुम्हारा आशिक़

____

श्लोक ने इस पल का लुत्फ उठाते हुए चुलबुले अंदाज में

कहां __ "आप उन दिनों इतने रोमेंटिक थे ....

लाइब्रेरियन फौजी साहब अपनी सफेद मूछो पे ताव देते हुए नवाबी अंदाज़ में__

 "हां तो , आज भी वो रूमानियत मेरे दिल के किसी कोने में ज़िंदा है" ___

श्लोक उत्सुक भाव से _ "सर फिर आगे क्या हुआ "

रुक्मणि मैम आई थी आपसे मिलने?? ....

उनका जवाब क्या था आपके प्रेम पत्र पे???????

अगले दिन मैं शिव मंदिर के पिछे वाले तालाब

के किनारे दोपहर से ही रुक्मणि का इंतजार कर रहा था...

दिल में बड़ी बेचैनियां थी ...मन में सौ सवाल थे ...

संदेह की लहर भी उफान ले रही थी .....

आएगी या नहीं आएगी??? ... उनका जवाब क्या होगा ???

मैं उनके आने के रास्ते पर नज़रें बिछाए हुए था ...

जब शाम की लालिमा खोने लगी तो मैं भी उनके आने की

शेष बची उम्मीदों को खोने लगा.....

और पास पड़े छोटे – छोटे पत्थरों को ठहरे हुए पानी में फेंकने लगा...

. मेरे पत्थर फेकने पर पानी में हरकत शुरू हो जाती और पानी

के उपरी सतह पर एक वृत्ताकार तरंगों से भरी छवि उभर आती और कुछ देर

प्रदर्शन में रहकर वो फिर पानी में ही खो जाती ..

फिर अचानक मुझे पायल की छन -छन की आवाज़ सुनाई दी _

दिल ख़ुशी से झूम उठा नज़रें उठाकर देखें तो

सामने से रुक्मणि सर झुकाए चली आ रही थी _

मेरे इंतजार को मंज़िल मिल चुका था ....

फिर क्या था ... थोड़ी देर शर्मो -हया का आलम रहा

फिर हमारा बंद लब खुला और कुछ देर में ही हम एकदुसरे से काफ़ी घुल गए ......

रुक्मणि को मेरा प्रेम स्वीकार था.....

अब हर रोज हमारी मुलाकात यहीं होती ....

हमें दिन भर अब इसी पल का इंतजार रहता.......

एक रोज मेरी बाँहों में लिपटी रुक्मणि बड़े

दिलकश अंदाज़ में बोली ''ओ सिपाही मेरे घर बारात कब लाओगे'' ????

कब तक यूं ही ज़माने से नज़रें बचाकर हम छुप- छुप कर मिला करेंगे ?????

मैंने कहां _ ''तुम्हारे बाबूजी का क्या राय है तुम्हारी शादी पर ??

रुक्मणि __ ''बाबूजी जी तो मेरे लिए वर ढूंढ़ना आरंभ कर दिए है ___

देखना कहीं तुमसे देर ना हो जाए .... और हाथ मलते ना रह जाओ_

मैं __ '' तुम्हें मुझसे भला कोन छीन सकता है ..... तुम्हें तुम्हारे मंडप से ही भगा ले जाऊंगा .....

रुक्मणि __ ''ओ सिपाही अपनी झूठी शान कहीं और दिखाना ,

अभी तक तो बाबूजी से मेरा रिश्ता मांगने भर की हिम्मत बटोर नहीं पाए और .

.. बड़ा मंडप से भगा ले जाने की बात करने आया है... ...

मैं __ "तो कल देख लेना मेरी हिम्मत ,

तुम्हारा हाथ मांगने तुम्हारा घर आ रहा हूं ...

रुक्मणि __ "ये बात कितनी बार बोल चुके हो जरा याद करो"..

मैं ___ " लेकिन आज पूरे दृढ़ निश्चय के साथ कह रहा हूं" ....

अगले दिन मैं अपने पिता के साथ रुक्मणि का हाथ मांगने

उसके घर पहुंच गया......

ख़ैर कोई समस्या उत्पन्न नहीं हुई ,

रुक्मणि के बाबूजी ने मेरा रिश्ता स्वीकार कर लिया

फिर चट मंगनी हुई पट विवाह हो गया ....

___जरूरी नहीं है हर प्यार में बगावत ही हो___

कुछ प्रेम बड़े सादगी के साथ मुकम्मल भी हो जाया करता
है__

यक़ीनन में इस मामले में खुशनसीब था_____

अब हम पति – पत्नी थे .... हमारी ज़िन्दगी में खुशियां ही
खुशियां थी

___ मेरा उद्देश्य अब एक ही था रुक्मणि कभी उदास नहीं हो पाए_

मैं रुक्मणि को उसके उम्मीद से ज्यादा प्यार देना चाहता था .

.. इसके लिए मैं हमेशा 24 घंटे उसके समीप ही रहता ..

अब छुट्टी ख़त्म होने में सिर्फ 4 दिन ही रह गए थे ...

एक पल में ये चार दिन भी बीत गया....

ये घड़ी बड़ा ही भावुकता से भरी हुई थी ...

रुक्मणि को यूं अकेला छोड़कर जाना तो नहीं चाहता था किन्तु अपने कर्तव्य के आगे मैं विवश था .

.. मुझे भारत माता की सेवा का भी दायित्व निभाना था ...

मुझे दोनों से असीम प्यार था ...

मुझे दोनों के लिए ख़ुद को कुर्बान करना था ....

इसलिए मैंने रुक्मणि के प्रेम से भरे अपने दिल को पत्थर बनाकर

जल्दी ही लौट आने की आश्वासन देकर भारत मां की सेवा में चलने को तैयार हो गया ....

रुक्मणि की उदासी आज देखने लायक थी___

उसे भी मुझसे एक पल की दूरी बर्दाश्त नहीं थी ..

मैं रुक्मणि के दिल की हालत समझ सकता था किन्तु

मैं रुक्मणि के प्रेम के स्वार्थ में भारत मां के प्रेम को नहीं ठुकरा सकता था .....

मैं जाने के लिए तैयार हुए घर के सभी सदस्यों से मिलने के पश्चात रुक्मणि के सामने आया ..

" अपना ख्याल रखना मैं जल्द ही पुनः लोट आने की यथासंभव कोशिश करूंगा

रुक्मणि रुदनता से भरे स्वर में _ "ख़त लिखते रहना"

मैं__ "हां",

"मुझे ऐसे अपने आंसुओं के साथ विदा करोगी ."..

मैंने रुकमणी के आँसुओं को अपने अंगुलियों से साफ करते हुए कहां ???

रुक्मणि _ केसे काटूंगी इतने दिन तुम्हारे बिना?? ...

मैं __ "मै समझ सकता हूं तुम्हारे दर्द को लेकिन अपने कर्तव्य के आगे मैं विवश हूं___

रुक्मणि __ " उस कर्तव्य का क्या जो पति का है ???

मैं _ "मैं पति से पहले देश का एक सिपाही हूं"

मेरा पहला कर्तव्य भारत मां की सेवा है ___

और तुम्हें मालूम है तुम्हारा पति किसी भी कर्तव्य से

मुंह नहीं मोड़ सकता ....अब मुझे यह कर्तव्य निभाने दो

और मां – बाबूजी का भी ख्याल रखना ???

मैं अब चलता हूं ....

मैंने रुक्मणि का सर चूमते हुए कहां .....और बाहर खड़ी गाड़ी में बैठ गया.....

_____ 6 महीने बाद____

आदित्य शर्मा तुम्हारी चिट्ठी आई है ___

अनुराग त्रिपाठी ने मुझे पुकारते हुए कहां___

मैंने चिट्ठी ले जल्दी से खोलकर उसे पढ़ना आरम्भ किया

चिट्ठी रुक्मणि की थी __

पूछ रही थी मैं घर कब आऊंगा ???

रुक्मणि से जुदा हुए आज पूरे 6 महीने गुजर गए थे ...

मेरी आंखें रुक्मणि के दीदार को तरस गई थी __

मैं अब हर ज़ंजीरों को तोड़कर रुक्मणि को एक झलक देखना चाहता था..

. मुझे जब रुक्मणि की यादें सताने लगती तो मैं

रुक्मणि के नाम एक ख़त लिख डालता .....

मैं उस ख़त में लिखता की मैं उनसे किस कदर प्यार करता हूं __

उसके बिना केसे जी रहा हूं __ ??

होली में मुझे छुट्टी मंजूर हो गई ....

मैं घर आया_ रुक्मणि मुझे देखते ही खुशियों से झूम उठी ......

मैं पूरे 10 दिन रुक्मणि और परिवार के साथ बिताकर फिर विदा हो गया ....

यह सिलसिला मेरे सेवानिवृत्ति तक चला ....

सेवानिवृत्ति के बाद हमारा जीवन और भी आनंदमय हो गया

हमारे बीच अब कोई फासला हस्तक्षेप नहीं कर सकता था ..

हम अपने जीवन से काफी खुश थे .... हमारी संताने भी

कामयाबी की शिखर छू रहे थे___

अचानक हमारी ज़िन्दगी में नियती की बुरी नज़र पड़ गई..

रुक्मणि का एक्सिडेंट हो गया और वो इस दुनियां से हमेशा के
लिए मुझे छोड़कर चली गई .....

अब बस उसकी यादें है ... और उसकी कुछ तस्वीरें ......

इतना बोलकर शर्मा जी भावुक हो गए..... एवं अपनी आंखों की
नमी

को छुपाने की कोशिश करने लगे

पानी को अंदर आने से रोकने के लिए दरवाज़ा बंद कर दिया
गया था__

अभी तक बारिश ठहर चुकी थी

तभी लाइब्रेरी के दरवाज़े पे दस्तक हुई ...

श्लोक ने दरवाज़ा खोला___

बाहर दीप्ति खड़ी थी_

दीप्ति के साथ रूही भी आईं थीं__

श्लोक को देखते ही दीप्ति श्लोक से लिपट कर रोने लगी ..

श्लोक दीप्ति को रोता देख ख़ुद को भी संभाल नहीं पाया

उसके आंखों से भी आंसुओं के बादल उमड़ पड़े ...??

"क्या हुआ दीप्ति" ????

"तुम इतने दिन तक स्कूल क्यों नहीं आई"??????

श्लोक ने सवालों का बौछार कर दिया ????

दीप्ति बोझिल रुदन स्वर में " मैं बीमार थी

मेरे सर में दर्द था......"

श्लोक दीप्ति के आंखों से आंसुओं को साफ करते हुए ..???

अभी सही हो???

दीप्ति _ "हां " थोड़ा- थोड़ा"...

इतनी बारिश में भींगते हुए क्यों आई?? ....

दीप्ति _ "तुम्हारे बिना मैं पागल हुई जा रही थी"

इसलिए मम्मी से 'मैं अब ठीक हूं अपने दोस्तों से मिलना चाहती हूं

बोलकर रूही के साथ बारिश शुरू होने से पहले घर से निकली थी" ...

. फिर बारिश शुरू हो गई ...

श्लोक _ "ओ"

श्लोक दीप्ति के सुंदर चेहरे को एक टक निहारते हुए

चलो अब तुम्हें घर पहुंचा देता हूं...

दीप्ति _" कुछ देर अपने पास ही रहने दो..."

दीप्ति का अक्सर ऐसे ही सर दर्द करता रहता था .....

घरवालों को लगता साधारण सर दर्द है ...

किन्तु दर्द का असली वजह ब्रेन कैंसर था.....

दीप्ति को ब्रेन कैंसर ने अपने गिरफ्त में ले लिया था .....

और इसी बीमारी ने श्लोक से दीप्ति को हमेशा के लिए एक दिन छीन लिया......

दीप्ति के मौत के बाद श्लोक को काफी गहरा सदमा लगा और श्लोक ने भी आत्महत्या कर लिया ......

श्लोक को कदापि ऐसा गलत कदम नहीं उठाना चाहिए था___ शायद उसे इस विषय पर किसी का मार्गदर्शन

नहीं मिल पाया... काश कोई श्लोक के इस गम में हमदर्द बनकर उसे इस दुख के अंधेरे से बाहर निकाल देता

उसे जीवन का महत्व समझा देता___ काश श्लोक इतना बड़ा निर्णय लेने से पहले एक बार अपने मम्मी – पापा के आंखों में अपना प्यार झांक कर देख लेता _______

देख लेता मां की उन दुवाओं वाली संदूक को खोलकर एक बार

जिनमें श्लोक की सलामती वाली मन्नत बंद कर ईश्वर के दर पे छोड़ आई है__

काश श्लोक इस बात का ख्याल किया होता मुझमें मेरे अपनों का जान बसता है___

हमारा जीवन सिर्फ हमारा नहीं होता है__ हमारा जीवन उन तमाम लोगों का भी होता है

जो हमपे अपना जान छिड़कते हैं____

श्लोक ने खुदकुशी कर सिर्फ ख़ुद को नहीं मारा था __

ख़ुद के साथ- साथ एक मां के जिगर के टुकड़े को भी मारा था

एक बहन के दुलारे इकलौते भाई को भी मारा था __

एक मामा के प्यारे लाडले भांजे को भी मारा था __

काश श्लोक समझता इस बात को की

अपने इस जीवन पे सिर्फ ख़ुद का ही हक नहीं है____

जब सिर्फ ख़ुद का ही हक नहीं है तो सिर्फ ख़ुद के सहमती से
इतना बड़ा कदम केसे उठा सकते हैं __

काश उस विलाप की घड़ी की एक पल कल्पना करके श्लोक

देख लेता _जो उसके मृत्यु के बाद उसके आंगन में अपना
मंचन करने वाली थी__.....

इसी के साथ यह प्रेम कहानी दुखांत अंजाम लिए समाप्त हो
गई______

लेकिन श्लोक के दोस्तों और घरवालों ने श्लोक का वह बाग
उजड़ने नहीं दिया है .... उसे अपने प्यार से सींच कर बड़े संभाल
कर रखा है वह बाग आज भी श्लोक – दीप्ति के प्रेम की कहानी
कहता है____

एक था राजा, एक थी रानी

दोनों मर गए , ख़तम कहानी

नज़रिया ज़िन्दगी की (व्यंग)

पहले पहल,

मुझे भी यूँ लगता था कि

मैं कोई दिव्य आत्मा हूँ

जो विहार को धरा पर आया हैं।

बचपन के इस मीठे भ्रम ने

मुझे खुब पुचकारा।

दिलों को जीतने वाले हुनर ने

मुझे सत्ता दिलाई।

अपने मित्र खेमों का नेतृत्वकार

अपने नवाबी अंदाज से,

हर शख्स का ध्यान अपनी और खींचता।

बाल सुलभ कि मनोहर क्रीड़ाओं से सदैव

घर को सजाए रखता।

दिन बीतने में देर न लगी,

बालवस्था जानें कब किशोरावस्था

कि ओर रुख कर गया भनक भी न लगी।

वक्त के साथ सब कुछ बदल गया।

आकार- परिवेश- आदत- पसंद- ख्वाहिश

आदत और पसंद तो एकदम विपरीत ही हो गया।

और हाँ वो नादानी भरा मीठा प्यारा भ्रम भी टूट गया।

पहले वाली दिनों और आज के दिनों में अभी

बैठे-बैठे फर्क आंक रहा हूँ।

काफी अंतर है यार

गुलजार और उदासी में _

आज सब कुछ हैं,

हर प्रकार का ऐशो-आराम है ,

फिर भी दिल असंतुष्ट हैं।

और कहाँ कल पापा का बूढ़ा स्कूटर भी

हवाई जहाज सा लगता था।

लालसा -मोह -कामना कि इस मायावी

जाल में जिंदगी दिन प्रति दिन फंसती -उलझती जा रही है।

कहाँ पहले दिव्य आत्मा वाली फीलिंग स्वंय में शिरोमणि था ,

और कहाँ आज लालसा रुपी कभी न मिटने वाली भूख को मिटाने के लिए

काश्मीर से कन्याकुमारी शापित आत्मा सा भटकते फिर रहा हूँ।

****

काश के आकाश का चांद(व्यंग)

कमबख्त दिल को चांद से मुहब्बत हो गया है,

खोया-खोया रहता है हरपल अपनी ख्यालों की दुनिया में

ज़माने से दूर चांद के पास , खुली आंखों में रंग बिरंगा ख़वाब
बुनता है और उन ख्वाबों में जज्बातों का प्राण पिरोता है,

चांद के एक झलक को नादान कितना बेताब रहता है ,

मानो आजकल तो ''दिन ''दिल का दुश्मन ही बन चुका है

दिन के फासलों से उभरकर_विरह की तपन में भींगकर

निशा में चांद खिला देख दिल उल्लास से झूम उठता है ,

इस बारिश के मौसम में तो दिल का जीना ही हराम हो गया है,

निशा में भी चांद बादलों से ही छिपा रहता है.....

कभी- कभार संयोग से सप्ताह में एक झलक

मिल जाया करता है ...

जाने ये केसा डोर है जो धरा – गगन को जोड़ने का अथक
प्रयास कर रहा है, हां ये ऐसा हकीकत है जिससे अवगत सारा
संसार है, जिसका यक़ीन निश्चय की बुनियाद है,

"कि दिल कभी चांद को छु नहीं सकता,

कभी चांद को पा नहीं सकता ....

बस ख्वाबों में ही इसे अपना समझ अधिकार जता सकता है,

"अधिकार" शायद नहीं

अधिकार मांगा जाता है , अधिकार माना नहीं जाता

अधिकार सामंजस्यता का आत्मा है, और सामंजस्यता

एक ऐसा बंधन जो दो दिलों को रजामंदी के डोर से जोड़ता है,

"बिना वार्ता का केसा निर्णय ?????"

सब कुछ जानते हुए भी दिल जाने क्यों चांद के ज़िद पे अडिग
है,

बेइंतेहा मुहब्बत करता है,

इसका प्रेम निस्वार्थ जरूर है- लेकिन वाजिब नहीं

इसका प्रेम सर्वप्रिय जरूर है -लेकिन बेमंज़िल

नादान क्यों नहीं समझता ये इसके बस में नहीं ,

ये चांद है इसकी ख्वाहिश पूरी दुनिया को है,

इसे पाना हर कोई चाहता है ....

अपने ख्वाबों को इसके नुर से सजाना हर कोई चाहता है??

_"बस चाहता है.".......

अक्सर हसरतों को ख्वाबों में ही देखा जाता है ,

क्योंकि ये हमारे बस में नहीं ,

यानि हम उसके काबिल नहीं...

काश के आकाश का यह चांद ......

शायद मेरा प्यारा ख़्वाब ही रह जाएगा......

दिल तड़पे या मरे इससे चांद को क्या?

दिल जागे या सोए इससे चांद को क्या?

दिल बरसे या तरसे इससे चांद को क्या ?

दिल के बेसब्री भरा इंतजार से चांद को क्या?

चांद तो अपनी खुशियों से भरी महफ़िल में

सितारों के संग हंसी-ठिठोलीयों में व्यस्त है...........

अब चांद को दूर से ही जी भरकर एक टक देखकर

खुश रहा जाए.............

इसमें भी नसीब का हस्तक्षेप यक़ीनन

एक नया मोड़ लाकर मेरी आंखों पे नफ़रत का पर्दा कर देगा.

इंसानियत का परचम आखिर कब लहराएगा(व्यंग)

सारी दुनिया को सुलाकर

इस घनघोर स्याह रात में

मैं जागकर सोचता हूं

कि जब बादल तेज़ाब बनकर बरसेगा

और बिजली तेज़ाब में घुलकर

अपनी शक्ति का प्रदर्शन करेगी

तब केसा हश्र होगा

इस हरे – भरे शेष बचे प्रकृति का

तब केसा हश्र होगा

यहां के बुद्धिहीन और बुद्धिशील जानवरों का

ऐसा नहीं होगा

कभी बादल तेज़ाब बनकर नहीं बरस सकता

हां ये विश्वाश की दुनिया का दृढ़ सत्य है

अगर ये भ्रम टूट गया

तो गया होगा ?

ख़ैर छोड़िए ये बेतुक बातों को

चलिए कुछ गंभीर विचारणीय बातें करते हैं

ये धर्म के आगोश में पलने वाली नफरत की आग

जब पूरी दुनिया को अपने आगोश में ले लेगी

और नरसंहार का तांडव शुरू हो जाएगा

तब क्या होगा इंसानियत का___?

जब सबसे ज्यादा बुद्धिमान प्राणी

सबसे बड़ा मूर्खता कर बैठेगा

तब क्या होगा बुद्धि का___?

जब नस्ल धर्म का बेबुनियादी भेदभाव

मानवता का हत्या कर डालेगी

तब क्या होगा ईमान का _?

जब नरसंहार में बहे रक्त के आधार पर

धर्म पहचानना असंभव हो जाएगा और

दूर- दूर तक ना हिन्दू ना मुस्लिम ना सिख ना ईसाई

बस आदमी का लाश ही लाश दिखेगा

तब उस आक्रोश की भावना का क्या होगा

तब तलवार के प्राण संहारक उस प्रहार का क्या होगा

जिसका उद्देश्य धर्म की रक्षा था_

मैं सोचता हूं

इस विषय में डूबकर

इस घनघोर स्याह रात में

इंसानियत को धर्म अपना

गुलाम बनाकर कब तक रखेगा

और आखिर कब तक

धर्म की दीवार इंसानों को बांटकर रखेगा

कब हम इंसानों में मानवता के प्रति

असीम प्रेम जागृत होगा और कब हम धर्म के सारे

मानसिक बंदिशों को तोड़कर इंसानियत का परचम लहराएंगे,

कब हम हर इंसानों को गले लगाकर जी भरकर

आंसू बहाकर नफ़रत के दाग को अपने शख़्सियत के

लिबास से धो डालेंगे??

मैंने ख़ुद को धर्म के चंगुल से आज़ाद कर लिया

और पुरे जहां को अपना सगा मान लिया

और इस घनघोर स्याह रात में सोच रहा हूं

कि सारी दुनिया कब इंसानियत के

राह पर चलकर मानवता का परचम लहराएगा

कब मेरे साथ आएगा ....??

समाप्त_______